断舍离 智慧女人

木梓 著

做减法生活·过自在人生

北方妇女儿童出版社
·长春·

版权所有　侵权必究

图书在版编目（CIP）数据

智慧女人断舍离 / 木梓著. -- 长春 : 北方妇女儿童出版社, 2025. 1. -- ISBN 978-7-5585-9058-0

Ⅰ. B821-49

中国国家版本馆CIP数据核字第20244SF445号

智慧女人断舍离

ZHIHUI NÜREN DUAN SHE LI

出 版 人	师晓晖
责任编辑	李绍伟
装帧设计	天下书装
开　　本	720mm × 1000mm　1/16
印　　张	12
字　　数	200千字
版　　次	2025年1月第1版
印　　次	2025年1月第1次印刷
印　　刷	三河市南阳印刷有限公司
出　　版	北方妇女儿童出版社
发　　行	北方妇女儿童出版社
地　　址	长春市福祉大路5788号
电　　话	总编办：0431-81629600
定　　价	49.80元

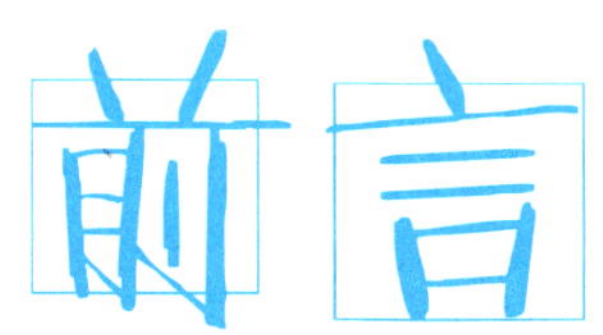

前言

在当今这个快节奏、高压力的社会环境中，许多女性在为生活奔波、为家庭付出、为事业奋斗。然而，在追求完美的过程中，不少女性发现自己活得越来越累，仿佛背负着沉重的包袱，步履维艰。这些包袱可能是无休止的工作任务，可能是难以割舍的情感纠葛，也可能是过度囤积的物品。它们像无形的枷锁，束缚着女性的身心，让她们无法享受生活的美好与幸福。

女性之所以会感到累，很大程度上是因为她们没有“断舍离”的智慧。断舍离，这一概念源自日本，它不仅仅是一种家居整理的方法，更是一种生活态度的转变。它教会我们如何割舍那些不再需要、不再适合或令人不舒适的物品、人际关系和思维方式，从而让自己的生活变得更加简洁、有序和自在。

对于智慧女性而言，断舍离不仅仅是一种外在的整理行为，更是一种内在的心灵修炼。它要求我们在面对纷繁复杂的生活时，能够保持清醒的头脑和敏锐的洞察力，识别出哪些是我们真正需要和珍视的，哪些是可以果断放弃的。通过断舍离，我们可以释放被束缚的空间和能量，让自己的生活更加精简和高效。

学会断舍离，意味着女性要勇于面对自己的内心，敢于承认和接受自己的不足。它要求我们在面对选择时，能够果断明智地做出决定，不再被过去的遗憾或未来的焦虑所困扰。同时，断舍离也是一种自我成长的过程，它让我们在不断地舍弃和整理中，逐渐发现自己真正的需求和价值所在，从而更加坚定地走自己的路。

在这个过程中，女性不仅能够收获物质上的简洁和清爽，更能够体验到精神上的自由和愉悦。她们会发现，当自己不再被那些无谓的琐事所牵绊时，生活会变得更加美好。智慧女性可以通过断舍离，让自己在繁忙与喧嚣中保持一份难得的优雅与从容。

祝愿阅读本书的每一位女性读者都能掌握断舍离的智慧，勇敢地割舍那些负担，让自己的生活绽放出更加绚烂的光彩。

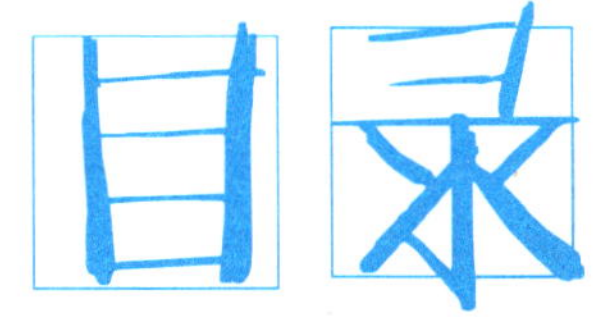

第一篇　心灵的曙光，开启断舍离之门

第二篇　物品重塑，邂逅精致人生

第三篇　情感梳理，拥抱真实自我

第四篇 时尚蜕变，绽放独特魅力

第五篇 成长之路，成就智慧人生

第六篇 幸福密码，开启精彩未来

第一篇

心灵的曙光，开启断舍离之门

我们每天都会遇到许多事，无论是喜悦之事还是悲伤之事，有时我们只会将它们悄悄地藏在心底。殊不知，如果不及时清理心灵的房间，它就会积累灰尘。一旦心灵被蒙上了灰尘，它就会变得灰暗，让我们失去方向。这就说明不仅房间需要定期打扫，我们的内心也需要及时整理，只有尽快清除那些负面情绪，才能轻松前行。

拨开迷雾，探寻女性的心灵困境

断舍离困境

林悦在一家竞争异常激烈的公司里担任中层管理者。每天清晨，当闹钟响起时，她总是在困倦中挣扎着起床，简单洗漱一番后，便匆匆赶往地铁站，加入浩浩荡荡的上班族大军。

在公司里，由于林悦身处一个竞争激烈的行业，她必须付出比常人更多的汗水和努力，才能在公司站稳脚跟。会议一个接一个，报告一份接一份，她每天都紧绷着神经，生怕自己出现一丝一毫的差错。巨大的工作压力让她的生活节奏快得如同飞驰的列车，一刻

也不敢停歇。

当林悦拖着疲惫的身躯回到家中时，等待她的并不是轻松的时光。丈夫同样忙碌于工作，家中的大小事务以及照顾孩子的重任几乎全部压在了林悦的肩上。她一边忙着准备晚餐，一边还要辅导孩子的功课，每天都忙得团团转。

夜深人静时，当孩子终于进入梦乡，林悦却躺在床上辗转反侧，难以入眠。她的心中充满了焦虑与不安，对未来的迷茫和困惑如影随形。她渴望在事业上能够取得更大的成就，可是又担心这样的追求会让她无法兼顾家庭。她想多陪伴孩子，见证孩子的成长，又被工作的压力紧紧束缚，无法脱身。

林悦意识到自己仿佛陷入了困境：既要在职场上打拼，又要承担家庭的责任，还要努力寻找自我发展的空间。这些角色和责任像一座座大山，压得她喘不过气来。她时常感到迷茫和无助，不知道这样的生活何时才是个尽头。

在社会的期望、家庭的责任和职业发展的追求之间，林悦感到十分迷茫。她努力寻找着前进的方向，却总是找不到那个清晰的出口。

女性心灵密码

在工作和生活中，女性常常会面临很多心灵困境，如压力、焦虑和迷茫。压力往往是因为你们对自己的要求太高。在职场上，女性要展现专业能力，回家还要扮演妻子、妈妈等多重角色，压力自然不小。但请记住，你的价值不仅体现在工作上，你的每一次努力和坚持都是勇气和毅力的体现。

焦虑是面对不确定的未来的一种自然反应。在工作上，你会担心突然出现变故；在家里，你又担心孩子的成长、家人的健康。然而，一味的焦虑非但不能解决问题，反而可能让你更疲惫。试着提前规划，采取行动，减少不确定性，这些都有助于减轻焦虑。

迷茫常在人们做重大决定时出现。这时，如果实在找不到方向，可以静下心来听听内心的声音。试着回顾过去的经历，了解自己的兴趣，从中找到奋斗的方向。

在快节奏的生活中，虽然你扮演着多重角色，但你不是孤军奋战，你还有家人和朋友的支持。要学会让别人分担你的压力，这样你才能轻装上阵，让爱和理解成为你前进的动力。

当焦虑涌上心头时，与其折磨自己，不妨先停下来深深地吸一口气，好好感受当下的宁静。当你感到迷茫的时候，可以把困难当成成长和转变的好机会，勇敢地听从自己内心的声音，找到那条最适合自己走的路。

断舍离智慧

生命是一场独一无二的旅程，它时而璀璨如烟火，在夜空中绽放一瞬即逝的辉煌；时而坚韧如小草，在风雨中顽强地挺立。然而，当生命的画卷遭遇心灵的阴霾时，我们往往会陷入迷茫与无力。但请铭记，困境只是暂时的迷雾，只有学会断舍离，勇敢面对，才能拨云见日，迎接生命的阳光。

1. 直面困境：断掉逃避的枷锁

面对困境时，逃避只会让问题如滚雪球般越滚越大。生命的真正意义在于不断地磨炼自己，最终摆脱心灵的困境。因此，当困境来临时，我们首先要做的就是勇敢地面对它。断掉逃避的枷锁，保持冷静与理智，用积极的态度去审视问题，才能找到解决问题的办法。记住，每一次困境都是一次成长的机会，能让我们更加坚强与成熟。

2. 逆流而上：舍弃消极的情绪

总有一些人能够在困境中逆流而上，他们始终保持乐观的心态，坚信只要心中有光，就能照亮前行的路。即使屡遭打击，他们也绝不放弃。这种乐观与坚韧正是他们战胜困境、走向成功的秘诀。我们要学会从他们身上汲取力量，舍弃消极的情绪，用乐观的心态去面对生活中的每一个挑战，用坚韧的意志去克服每一个困难。

3. 自我救赎：离开舒适区的束缚

困境并非不可战胜的敌人，要想摆脱困境，关键在于自我救赎。我们要洞察身陷困境的诱因和根本原因，分析自我价值和内在需求，从而调整自己的心态和行为。离开舒适区的束缚，勇于尝试新事物，挑战自我极限。记住，你的命运掌握在自己手中，只有你自己能够拯救自己于困境之中。通过不断地自我反思与调整，我们可以变得更加坚强与自信。

4. 内心的富足：断舍离的精髓

快乐是内心的一种富足感。当你感到快乐的时候，才会觉得生活是如此美好。因此我们要学会从内心出发，寻找快乐的源泉。断舍离不仅仅是对物质的舍弃，更是对心灵的净化。即使身处逆境，也要保持一颗感恩的心，珍惜眼前的每一刻，享受生命中的每一个瞬间。保持内心的富足与满足，才是我们追求快乐的真正目标。

断舍离思考

思考一：关于压力来源

1. 工作中的哪些方面给你带来的压力最大?
2. 家庭责任具体在哪些方面让你感到压力?
3. 社会对女性的期望如何成为你的压力来源?
4. 自身的哪些追求导致了压力的产生?

思考二：关于焦虑情绪

1. 你最近因为什么事情感到焦虑?
2. 焦虑情绪在身体和心理上有哪些具体表现?
3. 焦虑对你的日常生活产生了哪些影响?
4. 你通常会采取什么方式缓解焦虑?

思考三：关于迷茫困惑

1. 你在职业发展方面的迷茫点是什么?
2. 家庭生活中让你感到迷茫的是什么?
3. 对于自身价值的实现，你存在哪些困惑?
4. 迷茫时，你会向谁寻求帮助或建议?

倾听内心的断舍离呼唤

断舍离困境

晓萱用钥匙打开房门，然后对站在身后的朋友小李说道："不好意思，屋子里有点儿乱，你先坐在沙发上歇会儿，我去给你倒杯水。"

"不用那么麻烦了。"小李笑着对晓萱说道，"白天在公司忙得像陀螺，下了班还要买菜回家做饭，吃完饭还要给孩子辅导功课，根本腾不出时间收拾屋子。"

晓萱端着一杯热茶走过来，放在小李面前说道："其实我早就想好好收拾一下房间了，只是东西太多，根本不知道怎么下手。"

小李拉着晓萱的手，笑道："那我今天可真是来对了，我之前

也和你有一样的烦恼，自从看了一本关于‘断舍离’的书以后，我就再也没有这种烦恼了。”

晓萱疑惑道：“‘断舍离’还有书？”

小李点头道：“当然了，我明天把这本书拿来，借给你看看。”

第二天，小李真的如约将那本书借给了晓萱。

晓萱拿到书以后如获至宝，这本书仿佛帮她打开了一扇窗，让她一下子就找到心结所在。

按照书中的方法，晓萱首先坐在房间里冥想。她让自己的思绪慢慢沉淀下来，专注于自己的呼吸，然后问自己：“这些物品，我真的还需要吗？这样的生活，真的是我想要的吗？”随着内心的声音逐渐清晰，她意识到是时候做出改变了。

想清楚这些问题后，晓萱卷起袖子说干就干。她先将家里过期的化妆品、食品等丢掉，然后又将柜子里的旧衣服一件件整理出来。

随着屋子里的物品慢慢减少，屋子变得干净整洁，晓萱的内心也得到了前所未有的放松。她看着焕然一新的房间，不禁在心中暗下决定：我一定要改变现在的生活方式，以后不论工作多么忙碌，都要抽出时间整理房间，定期做一次断舍离！

女性心灵密码

在生活的繁忙与喧嚣中，我们时常会感到疲惫。但请记住，每个人的心里都藏着一个温柔而坚定的声音，提醒我们进行一场断舍离。

断舍离不仅仅是一种整理物品的方法，也是一种生活的态度，更是一种心灵的修行。它告诉我们，要学会断开那些不必要的物欲，舍弃那些不再适合自己的东西，放下那些让人疲惫不堪的关系。

倾听内心的断舍离呼唤，就是给自己的心灵做一次大扫除。想象一下，当你打开尘封已久的抽屉，看到那些早已遗忘的小物件时，是不是会涌起一股想要整理的冲动？同样的，当我们的心灵被各种杂念和烦恼填满时，也需要这样一次彻底的清理。

断舍离的过程可能会有些艰难，毕竟每一个物品都承载着我们的回忆和情感。但是，当你勇敢地迈出第一步，将那些不再需要的东西一一舍弃时，你会发现，心灵的空间变得更加宽敞明亮，心情也变得更加轻松愉悦。

在这个过程中，我们学会了珍惜眼前的人和事，学会了放下那些不再重要的东西。我们懂得了生活不仅仅是拥有更多，更重要的是懂得珍惜和感恩。

断舍离智慧

在日复一日的忙碌中，我们或许已经习惯了周围环境的杂乱无章，习惯了背负着沉重的物品前行，习惯了在各种社交场合中周旋，却往往忽略了内心深处那份对简单与纯真的渴望。其实，当我们的内心开始发出断舍离的呼唤时，就应该停下脚步，倾听这份来自灵魂深处的声音，让生活回归它应有的模样。

1. 对杂乱环境的厌烦：是时候整理心情了

你是否对家中堆积如山的杂物感到无从下手，对办公桌上乱糟糟的文件感到心烦意乱？这些杂乱的环境不仅影响了我们的工作效率，更在无形中侵蚀着我们的心情。当我们对这样的环境感到厌烦时，不妨将其视为内心在向我们发出断舍离的信号。是时候动手整理一番了，舍弃那些不再需要的物品，就可以感受到一种前所未有的轻松与舒畅。

2. 对过多物品的负担感：轻装上阵，自在前行

我们总是习惯于收集各种物品，却很少停下来思考它们是否真的对我们有价值。当过多的物品开始成为我们的负担、占据我们的空间、消耗我们的时间和精力时，内心便会发出断舍离的呼唤。这时候，勇敢地舍弃那些不再需要或不再适合我们的物品，让生活变得更加轻松自在，让我们轻装上阵，才能走得更远。

3. 对无意义社交的疲惫：珍惜每一次真诚的交流

在当今社会，社交活动成为日常生活中不可或缺的一部分。但是，并非每次社交都有意义。当我们觉得这些没意义的社交让自己很累时，其实是内心在告诉我们，该对社交圈进行断舍离了。我们应该选择与真正重要的人建立联系，减少那些不必要的聚会和活动，这样就会有更多的时间和精力去倾听自己内心的声音。真正的友情不需要靠很多外在的东西来维持，它们会在两个人真心相待的交流中发展起来。

4. 对忙碌生活的迷茫：找回生活的目标和意义

忙碌的生活让我们失去了方向，不知道自己真正想要的是什么。当我们感到迷茫时，内心便会发出断舍离的呼唤，让我们停下来审视自己的生活。我们要舍弃那些不重要的事情，找回生活的目标和意义。或许我们需要的是一次说走就走的旅行，一次与家人的温馨相聚，又或者是一次与自己内心的深度对话。只有当我们真正明白自己想要什么时，才能过上属于自己的生活。

断舍离思考

思考一：关于断舍离的认知

1. 你是否真正理解断舍离的含义?
2. 断舍离仅仅是丢弃物品吗?
3. 断舍离对心灵成长有哪些重要意义?
4. 如何判断一个物品是否应该被断舍离?

思考二：关于内心信号

1. 你最近是否对杂乱环境感到厌烦?
2. 你有没有对过多的物品产生负担?
3. 哪些场景会让你强烈意识到需要断舍离?
4. 内心的断舍离信号出现时，你的第一反应是什么?

思考三：关于行动方法

1. 你尝试过哪些倾听内心断舍离呼唤的方法?
2. 冥想在断舍离过程中如何发挥作用?
3. 自我对话时应关注哪些问题?
4. 如何制订一个可行的断舍离计划?

积攒开启断舍离的力量

断舍离困境

雅琴唯一的爱好就是购物，这导致她的家里堆满了各种东西，从衣物到饰品，从书籍到小摆件，一应俱全。渐渐地，她发现自己的生活空间越来越小，心情也越来越压抑。她也知道是时候进行断舍离了，但每次想要动手时，心里总是有些不舍。

直到有一天，朋友来家里做客，看到她凌乱的房间后，直言不讳地说："你的生活被这些物品困住了，你需要新的开始。"朋友的话让雅琴陷入了沉思。

雅琴开始反思，她意识到不舍只是表面原因，更深层的是对过去的执着和对未来的不确定。为了改变这一现状，雅琴决定从小处着手，清理书架和杂物柜，并不断提醒自己：断舍离不是失去，而是为了迎接更好的生活。

为了更好地提升自己，雅琴开始阅读关于断舍离的文章和书籍。她不仅学会了很多方法和技巧，也学会了如何判断物品是否真的需要，如何放下对过去的执着以及如何培养勇气。

虽然雅琴还没完全实现断舍离，但她已经勇敢地迈出了这一步。她相信，只要坚持不懈，一定能摆脱物品的束缚，过上更简单、自由的生活。

女性心灵密码

我们时常被琳琅满目的物品与深厚的情感所包围，断舍离则如同一束穿透混沌的光，指引我们向前迈进。在断舍离的过程中，恐惧、怀旧和习惯构成了三道难以逾越的障碍。恐惧，源自对未知世界的忐忑不安；怀旧，是对过去美好时光的深深眷恋；习惯，则让我们在舒适区里徘徊，难以迈出改变的步伐。然而，正是这些挑战，为我们开辟了一条通往个人成长与蜕变的道路。

要战胜恐惧，关键在于勇于探索未知的领域。每一次尝试断舍离，都是自我提升的机会。我们需要坚定自己的信念，相信每一次放手都能引领我们走向更加灿烂的未来。至于怀旧，它源于我们对物品倾注的深厚情感。但请记住，只有舍弃那些不再符合当前生活需求的物品，才能为未来的精彩预留出更多的空间。

习惯虽然看似强大无比，但实际上也是可以被打破的。我们可以从生活中的小事做起，逐渐养成新的习惯，让断舍离的理念潜移默化地融入我们的日常生活中。让我们鼓起勇气，毅然决然地踏上断舍离的旅程。勇敢地舍弃那些不再为我们服务的物品与情感，为心灵卸下重负，让生活变得更加轻松。在这个过程中，我们会惊喜地发现，自己所拥有的远比想象中丰富，内心也因此变得更加坚强。

断舍离智慧

许多女性都面临着物品堆积如山的困扰，断舍离成了一种流行的生活方式，它旨在帮助我们摆脱不必要的物品，让生活更加简洁和舒适。然而，在实施断舍离的过程中，许多女性都会遇到一些心理因素的阻碍。那么，如何积攒开启断舍离的力量，克服这些阻碍呢？

1. 直面恐惧，认识其根源

在断舍离的过程中，恐惧是一个难以跨越的障碍，它可能源于对未知情况的忧虑，或者是对失去与物品相连的记忆的害怕。然而很多时候，这种恐惧其实是毫无根据的。我们可以试着回想一下过去丢弃物品的经历，看看那些担忧是否真的发生了。事实上，多数情况下，我们丢掉的物品并没有造成真正的损失，反而使我们的生活变得更加轻松自在。所以，了解恐惧的来源，并用理智的态度去看待它，这是战胜恐惧的首要步骤。

2. 重新审视物品的价值，学会放手

面对那些舍不得丢掉的物品，我们常常因为感情上的牵挂而难以放手。但我们必须认识到，物品只是外在的东西，它们并不能完全代表我们的内心世界。我们可以试着问问自己：这件物品真的有那么重要吗？它所承载的记忆是否可以通过其他方法来保存呢？例如，我们可以给物品拍照留念，或者把相关的回忆记录下来。这样一来，即使物品不在了，那份回忆也依然可以留在心底。通过重新评估物品的价值，我们可以更加理智地判断是否需要保留它们，从而鼓起勇气去放手。

3. 培养新的习惯，让断舍离成为生活的一部分

习惯的力量非常强大，一旦养成就很难轻易改变。不过，我们可以尝试制订一些新的购物原则，比如只买自己真正需要的东西，避免一时冲动而购物。另外，还要定期整理和进行断舍离，让它变成生活的一部分。我们可以为自己制订个计划，比如每个月做一次小规模的整理，每个季度做一次大扫除。随着时间的流逝，新的习惯会慢慢形成，我们也会觉得断舍离并没有想象中那么难。

4. 培养勇气，敢于挑战自我

勇气是战胜一切困难的重要力量。我们可以从一些小事开始，一步步增强自己的胆量。比如，先从丢掉一些不太重要的东西着手，然后慢慢尝试丢弃更难放手的东西。在这个过程中，我们可以找亲朋好友给自己加油打气，和他们聊聊自己的断舍离计划，从他们那里获得力量和信心。通过不断地挑战自己，我们会发现自己的胆子越来越大，也越来越能轻松地做到断舍离。

断舍离思考

思考一：关于恐惧心理

1. 在断舍离过程中，你最害怕失去的是什么？

2. 恐惧对断舍离的阻碍具体表现在哪些方面？

3. 如何认识到恐惧背后的真正原因？

4. 有哪些方法可以逐渐克服对断舍离的恐惧？

思考二：关于不舍情绪

1. 哪些物品让你最不舍得断舍离?

2. 不舍情绪是如何影响你的断舍离决策的?

3. 不舍的根源是什么? 是情感寄托还是其他?

4. 怎样才能更好地处理不舍情绪，推进断舍离?

思考三：关于习惯力量

1. 你的哪些习惯阻碍了断舍离的进行?

2. 如何评估习惯对断舍离的阻碍程度?

3. 如何打破旧习惯，建立有利于断舍离的新习惯?

4. 有哪些具体的行动可以帮助我们克服习惯的阻力?

明确断舍离的目标和方向

断舍离困境

悦然性格开朗，为人活泼大方，整天精气神十足，不仅在工作中深受同事们喜爱，更是被朋友们称作“开心果”。

即便如此，悦然也会有自己的小烦恼，那就是家里堆积如山的衣物。为了在工作之余参加社交活动，悦然买了许多不同颜色、不同款式的服装，以便于自己可以参加任何场合的活动。然而，衣柜的空间是有限的，除了衣柜被塞得满满当当，悦然的家中，目光所及之处都有衣服堆成的“小山”。

这天，悦然正在“小山”中翻找衣服，放在一旁的手机突然响了起来。

悦然接起电话，发现是她最好的朋友默默。

“喂！默默，给我打视频电话，是有什么事情找我吗？”悦然对着手机摄像头挥了挥手。

视频那端的默默笑着说道：“周末一起出去爬山吗？”

悦然说道：“好哇，我早就想去爬山了，只可惜……”

默默迫不及待地追问道：“可惜什么？”

“你看！”悦然将手机摄像头反转，对着堆积如山的衣服一边拍摄，一边说道，“我现在正在找登山服和爬山需要的装备，可是现在根本找不到！”

默默震惊道：“天哪！悦然，你家也太乱了吧，这么多衣服你穿得过来吗？”

被默默这样一说，悦然脸红道：“其实，这里面的很多衣服我都穿不了了。”

“那你为什么不将那些闲置的衣服清理掉呢？”默默问道。

“清理掉？”悦然似乎从未这样想过。

“对呀！”默默解释道，“这样你找衣服就更方便啦。”

听了默默的一番话，悦然恍然大悟，开心道：“你说得对呀，我怎么没想到！”

明确了自己的目标以后，悦然马上开启断舍离行动，将自己穿不上的衣服全部整理出来。

很快，悦然的家中就看起来整洁了不少，她还找到了自己苦寻已久的登山套装。

女性心灵密码

断舍离不仅仅是对物品的舍弃，更是一场心灵的深度洗礼。那些长久被遗忘的物品，既占用了宝贵的内在空间，又掩盖了内心的光芒。当我们鼓起勇气与它们说“再见”时，心灵便能得以解脱，一股清新的气息也开始在心中荡漾。

在这个过程中，我们学会了区分真正所需与过度的渴望，不再盲目地追求物质，而是转向内心的平和，更加珍惜那些能真正触动心灵、带来喜悦与满足的事物。同时，断舍离也让我们学会了释怀。旧物虽然承载着回忆，但过度的留恋可能会成为前行的绊脚石。勇敢地告别过去，就是向全新的生活敞开心扉，不再被过去的遗憾和错误所束缚，以轻松的步伐迈向充满无限可能的未来。

更重要的是，断舍离锻炼了我们的判断力与勇气。在这个过程中，我们可以倾听内心的声音，勇敢地做出决定。这份决断力也将逐渐渗透到生活的其他方面，让我们在面对困难时更加坚韧与果敢。

通过断舍离，我们可以遇见一个更加真实、自信、美好的自己。放下沉重的负担，以轻盈的姿态前行，让心灵绽放出最耀眼的光芒。

断舍离智慧

现如今，断舍离的生活哲学风靡全球。它不仅仅是一种整理物品的技巧，更是一种生活方式的转变，它能够帮助我们明确生活的目标和方向，引领我们走向美好的生活。下面我们探讨一下断舍离的三个具体目标。

1. 精简物品，营造舒适环境

想象一下，当你走进一个堆满杂物、杂乱无章的房间时，是不是会感到心情烦躁？相反，当你走进一个整洁有序的房间时，会感觉心旷神怡，仿佛找到了一个宁静的避风港。因此，断舍离鼓励我们清理掉那些不再使用、不需要或不喜欢的物品，让生活环境焕然一新。这样做可以减少物品对我们的心理负担，让我们在忙碌的生活中找到一片宁静的天地。

2. 净化人际关系，享受健康社交

断舍离的理念不仅仅局限于物品整理，它还适用于我们的人际关系。在社交圈子中，有些人可能会消耗我们的能量，带来一些负面情绪。这些不健康的人际关系需要及时清理，与此同时，我们应该更加珍惜那些真正支持、理解和关爱我们的人。通过断舍离，我们可以重新审视自己的社交圈子，保留那些对我们有益的关系，舍弃那些对我们不利的关系。这样一来，我们的生活将充满正能量，让我们在社交中感受到更多的幸福和满足。

3. 提升心灵品质，追求内心宁静

断舍离还能帮助我们提升心灵品质。在这个物质丰富的时代，我们很容易陷入对物质的追求和欲望的旋涡中。然而，真正的幸福和满足并不在于物质的多少，而在于我们内心的感受和成长。通过断舍离，我们可以放下对物质的欲望和杂念，更加专注于内心的感受和成长。当我们不再被物质所束缚时，就能更加自由地追求自己的梦想和幸福。

思考一：关于心灵负担的认知

1. 生活中的哪些方面让你感到心灵有负担？

2. 心灵负担具体是如何影响你的生活状态的？

3. 哪些心灵负担可以通过断舍离去除？

4. 哪些迹象表明你需要对心灵负担进行断舍离？

思考二：关于心灵需求探索

1. 你真正的心灵需求是什么?
2. 如何区分表面欲望与深层的心灵需求?
3. 哪些活动或经历能满足你的心灵需求?
4. 断舍离如何更好地服务于心灵需求的满足?

思考三：关于断舍离的目标设定

1. 你希望通过断舍离在心灵层面达到什么目标?
2. 这个目标对你的生活有哪些重要意义?
3. 如何将心灵层面的断舍离目标细化为具体行动?
4. 有哪些方法可以评估断舍离目标的实现进度?

点燃断舍离的信念

断舍离困境

雨薇的性格优柔寡断，对待家里的物品也一样，每次清理杂物时，她总觉得要丢掉的东西还会有派上用场的时候，索性再一一捡回来。就这样，雨薇家里的杂物越堆越多。

“唉，真想把这些东西清理掉！”雨薇小声地嘟囔道。

妈妈听见雨薇的嘟囔声后开心地凑上前来。

“雨薇，你终于肯收拾那堆杂物啦？”妈妈拉着雨薇的袖子说。

雨薇看了一眼妈妈，然后不情愿地点了点头。

妈妈见状，轻轻拍了拍雨薇的肩膀说：“雨薇，既然你想要整理杂物，就应该坚定你的信念！如果每次都像之前一样优柔寡断，你永远也清理不掉这些东西。”

听了妈妈的一番话，雨薇抿起唇，坚定地说道：“妈妈，请您相信我，这次我下定决心了！”

说到做到，雨薇立马开始行动。首先，她将那些用不到的杂物清理出房间，然后又将这些东西分成几堆，一一进行拍照。

妈妈疑惑地问道：“你不是要清理杂物吗？怎么还拍起照片了？”

雨薇笑着对妈妈说道：“我想将这次断舍离的过程记录下来，将心境一起写在网上，鼓励那些和我有同样困扰的人。”

下定决心后，雨薇不仅清理了杂物，还将整个过程发布到网上，吸引了一大批粉丝的关注。

在断舍离的过程中，虽然雨薇还是会忍不住想要留下一些物品，但是每当这些想法涌上心头的时候，雨薇都会打开手机，看看自己记录的那些断舍离的过程，和粉丝受到雨薇激励后的反馈信息。

随着时间的推移，雨薇的断舍离做得越来越好，不仅屋子里干净整洁，就连她优柔寡断的性格也改变了不少！

女性心灵密码

断舍离，就是与过去的纷扰和内心的纠葛挥手告别，为心灵寻找一片宁静而清新的避风港。在这个过程中，我们会逐渐放下那些曾经难以割舍的物品与回忆，意识到放手并非意味着失去，而是一种更深层次的珍惜。它让我们更加专注于当下的美好，享受每一分、每一秒的宁静与和谐。

在断舍离的道路上，自我激励和记录成长是我们不可或缺的伙伴。自我激励如同点燃启程之火的火花，它激励我们勇往直前，不断前行。那些鼓舞人心的话语如同温暖的阳光，在我们遇到困难时，能够照亮我们的内心，让我们坚信自己拥有改变现状的力量。

记录成长是巩固我们断舍离信念的坚固基石。每当我们舍弃一件不再需要的物品，看到家居环境变得越来越整洁有序后，心中也会涌起满满的成就感。每一次记录都是对自己的肯定与鼓励，它让我们看到自己在断舍离旅程中的进步与成长，也让我们更加珍惜这段旅程中的每一个瞬间。

断舍离智慧

很多人之所以迟迟没有迈出断舍离这一步，就是因为心中没有断舍离的信念，不想开始，或者无法坚持。想要做好断舍离，首先就要点燃断舍离的信念。

1. 明确动机，树立信念

想要树立断舍离的信念，首先需要明白自己为什么要这么做。每个人的动机可能不尽相同，有的人希望拥有一个整洁明亮的生活环境，有的人则想要减轻内心的负担，还有些人渴望追求一种简单自在的生活方式。明确了自己的动机，就像找到了火种，可以点燃内心深处的信念。

因此，当你失去目标时，不妨找个时间，静下心来问问自己："我为什么要进行断舍离？"找到答案后，不妨把它写下来，贴在显眼的位置，时刻提醒自己。每当遇到困难或想要放弃时，这些文字就会成为你的动力源泉，激励你继续前进。

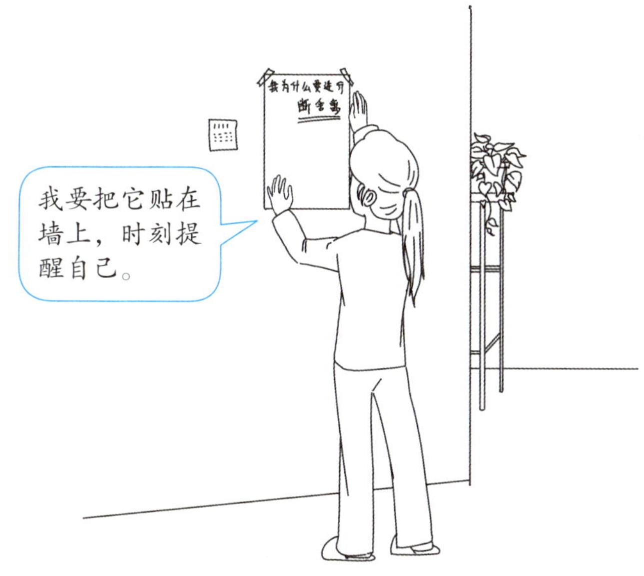

2. 设定小目标，步步为营

断舍离是一个长期的过程，不能急于求成。为了保持信念，我们需要将大目标分解成小的、可实现的目标。比如，你可以先从清理一个抽屉开始，然后逐渐扩大到卧室，甚至整个家。

设定小目标的好处在于，每当你完成一个目标时，都会获得一种成就感。这种成就感就像小小的胜利，会增强你的信念，让你更有动力去迎接下一个挑战。记住，每一个小目标都是通往成功的一步。

3. 自我肯定，鼓励前行

在断舍离的过程中，自我肯定也非常关键。每当你做出一个明智的决定时，比如丢掉一件不再需要的物品，或者完成一项整理工作时，都要记得给自己一点儿正面的鼓励。你可以告诉自己："我做得很棒！"这类鼓励的话就像温暖的阳光，可以照亮你的心房，让你在前进的道路上更加有决心。记住，自我认可是一种强大的力量，它能帮你战胜内心的害怕和迟疑。

4. 持续学习，不断成长

断舍离不仅是一种生活态度，也是一个持续学习和进步的过程。通过阅读书籍、文章或者参加培训等方式，你可以不断地加深对断舍离的理解。同时，也要留意自己内心的变化。在践行断舍离的过程中，你可能会碰到一些难题和挑战，但这些都是让你成长的好机会。要学会从挫折中总结经验，让断舍离的理念真正在你心里扎根。

断舍离思考

思考一：关于自我激励

1. 你可以用哪些话语激励自己进行断舍离?
2. 自我激励在断舍离过程中的作用有多大?
3. 如何持续有效地进行自我激励?
4. 有哪些具体的自我激励方法适用于断舍离?

思考二：关于记录进步

1. 你可以通过哪些方式记录断舍离的进步?
2. 如何增强断舍离的信念?
3. 如何定期回顾记录，以保持信念?
4. 记录进步时应重点关注哪些方面?

思考三：关于设定目标

1. 你的断舍离目标是什么?
2. 为了实现这个目标，你想采取什么措施?
3. 你打算把你的断舍离目标分成哪些小目标?
4. 完成一个断舍离小目标后，你会如何奖励自己?

第二篇

物品重塑，邂逅精致人生

物品存在的意义在于被使用，人的价值在于被爱。我们之所以积累许多物品，往往并非真的需要它们，而是内心渴望更多的关爱与陪伴。断舍离不仅是在简化自己的生活，也是在精简自己的内心。希望我们都能学会“爱人，用物”，让家里没有多余的东西，每一件物品都既实用，又能带给我们快乐。

被杂物束缚的生活

断舍离困境

刚搬到新家时，小美对未来的独居生活充满了期待。新家的每一样家具都是经过她的精挑细选，最终摆放到合适的位置。然而，随着时间的推移，小美购置回家的东西越来越多。很快，这个充满幸福气息的温馨小家就被这些杂物塞满了。

早晨，小美在凌乱不堪的卧室中醒来，寻找手机的过程就像一场寻宝游戏，床单下、枕头旁，甚至是书架上，最终在堆积如山的抱枕缝隙中找到了它。这样的开始，让本就忙碌的一天更加手忙脚乱。

渐渐地，小美乔迁的喜悦就被杂乱的房间给冲散了。有时，她也想好好整理一番房间，和杂物做个断舍离，但每次面对满屋的杂物，整理的心情总是被“明天再说吧”的念头打败。站在房间门口，小美神情压抑，痛苦道：“这些杂物……让我连坐下来休息的地方都没有了！”

可无论她怎样呐喊，这些杂物都不会自己变得整齐，它们只会像一条无形的绳索，紧紧束缚住小美的生活。

直到有一天，小美在网上看到一条关于“极简生活”的文章，这篇文章好似点醒了她，让她不能再继续无动于衷了。

趁着周末休息，小美决定着手整理家中的一切。她逐一审视每件物品，只留下真正需要的和喜爱的物品。书籍被重新归类，衣物被精简至能轻松搭配的程度，那些曾经以为不可或缺的小物件也被一一送别。随着杂物的逐渐减少，房间渐渐变得明亮宽敞，小美的心情也随之豁然开朗。

如今，小美终于找回了刚住进这间小屋时的喜悦，她拥有了更多属于自己的时间，可以用来阅读、旅行，或是简单地享受一杯咖啡的静谧时光。她终于明白，真正的幸福不在于拥有多少，而在于能否驾驭自己的生活!

女性心灵密码

对于女性而言，一件旧首饰可能承载着初恋的美好记忆。每当看到它，那些青春的甜蜜回忆就会浮现在眼前。一条亲手编织的围巾，可能来自母亲的关怀，戴上它就如同感受到了母爱的温暖。这些物品就像一个个时光机，带着我们回到过去，重温那些珍贵的情感瞬间。

尽管它们不再实用，但那份回忆却是无法用钱衡量的。

还有些女性会保留着一些不再时尚的衣服，因为它们陪伴我们度过了许多日子，熟悉的触感和样式让我们有一种安心的感觉。在生活中，这些物品就像我们的心灵港湾，让我们感到踏实。

另外，情感寄托也是原因之一。有时候我们会把对人的感情转移到物品上。比如一个毛绒玩具，可能在孤独时给了我们陪伴，我们就会对这个玩具产生依赖。即使它已经很旧了，在我们心里依然有着不可替代的位置。

断舍离智慧

在快节奏的现代生活中，很多人发现自己的生活被大量的杂物包围，这不仅影响了生活的品质，更在无形中束缚了我们的心灵。以下是杂物过多带来的一些负面影响。

1. 焦虑情绪的温床

面对堆积如山的物品，我们往往会感到无从下手，这种迷茫感会引发内心的焦虑。我们担心物品会丢失、损坏，或是难以找到，这种担忧如影随形，让我们的心情难以平静。杂物就像一个无底洞，吞噬着我们的时间和精力，让我们在整理的过程中疲惫不堪，焦虑感也随之升级。

2. 心理压力的加剧

杂物过多不仅占据了我们的生活空间，更在视觉上和心理上带来了沉重的压迫感。房间里的每一个空间都被物品占据，我们仿佛被一块巨石压在心头，难以喘息。此外，过多的物品也意味着更多的经济负担，购买、维护和存储都需要投入大量的资金，这种经济压力也会转化为一种心理负担，影响我们的心理健康。

3. 无助感的蔓延

当杂物堆积到一定程度时，我们会感到自己对生活环境失去了控制。无论我们如何努力整理，似乎都无法改变混乱的局面，这种无力感会让我们陷入深深的无助之中。过多的物品还会限制我们的行动自由，让我们在杂乱的环境中难以自由活动，这种受限的感觉会进一步加深我们的无助感。

4. 决策能力的下降

物品过多会导致我们在选择使用或处理某一物品时变得犹豫不决。面对琳琅满目的物品，我们很难快速做出决定，这种选择困难不仅浪费了时间，还会让我们感到疲惫和困惑。长期处于这种状态，我们的决策能力会受到影响，甚至在其他重要的生活决策上也会变得犹豫不决。

5. 情绪稳定性的破坏

杂乱的环境会破坏我们的情绪，让我们变得烦躁不安。在这样的环境中生活，我们很难保持平静的心态，情绪也会变得越来越不稳定。长期处于这种状态，我们可能会陷入情绪低落、抑郁等不良情绪中，对心理健康造成严重的损害。

思考一：关于物品需求

1.你最近一次购买的物品，真的是必须要买的吗？

2.你的衣柜里有多少衣服是在过去一年里从未穿过的?

3.当你看到商场里的促销活动时，第一反应是购买，还是思考自己是否真正需要?

4.你是否有一些物品是因为别人有，所以自己也买了，但实际上自己并不怎么使用?

思考二：关于物品带来的感受

1.回忆一件你最喜欢的物品，它给你带来的快乐和满足感具体是什么?

2.那些占据大量空间的物品，它们如何提升了你的生活质量?

3.有没有一些物品曾经让你很开心，现在却只是放在角落里积灰?

4.当你拥有一件新物品时，这种兴奋感能持续多久?之后又会带来什么?

思考三：关于舍弃物品

1.想象一下，如果舍弃一些长期不用的物品，你的生活会有什么不同?

2.你舍弃某些物品后会后悔吗?为什么会后悔?

3.如果你必须舍弃一半的物品，你会从哪些物品开始下手?

4.有没有一些物品是你一直想舍弃，但却因为某种情感因素而难以割舍?

物品分类的技巧

断舍离困境

晓妍是个干净整洁的女孩儿，她不仅将自己的房间打理得井井有条，还经常帮助家人、朋友一起做断舍离。

周末，晓妍的朋友小莉来访，一进门就被晓妍那整洁有序的房间深深吸引。

“哇，晓妍，你的房间太整洁了！我经常找不到东西，我的卧室总是乱糟糟的。”小莉感叹道。

晓妍笑着邀请小莉坐下，边递上一杯茶，边说：“其实整理房间就像给生活做规划，关键在于分类。比如，我的书桌这边是学习区，书籍按科目分类，笔记和文具则放在专门的收纳盒里。这样找东西时一目了然，效率也高。”

小莉好奇地环顾四周，发现晓妍衣柜里的衣物也是按季节、款式精心排列。“看，我的衣服也是按季节和场合分类的。我把春秋装挂在一起，把夏冬装分开，运动服和正装也各有归属。这样，换季或出门前，我就能迅速找到合适的衣服，节省了不少时间。”晓妍耐心地解释道。

最后，晓妍将一箱还未来得及整理的物品摆放在地上，分成几堆，当着小莉的面进行整理分类。她拿起一串珠子，喃喃道：“这个该归到哪类呢？”小莉站在一旁默默学习，她决定等回家以后，也要像晓妍一样，将家里的物品进行分类摆放。

又过了几天，小莉邀请晓妍到家中做客，两人一起动手，将小莉的房间也进行了彻底的改造。从书桌到衣柜，再到厨房，每一个角落都按照晓妍的物品分类技巧重新整理。几个小时后，小莉的房间焕然一新，她兴奋地说：“晓妍，谢谢你！现在我终于知道东西该放哪儿了，感觉整个生活都变得有条理了。”

整理过后，小莉不仅让房间变得整洁有序，学习效率和生活质量也有了显著提升。因为这份分享和帮助，晓妍收获了更多的友谊和快乐。在她们看来，物品分类不仅是一种技巧，更是一种生活的艺术。

女性心灵密码

我们身边的东西大体上可以分为有用和没用两类。说到有用的东西，它们又可以分为实用和让人看了心情好这两种。想知道一样东西是不是让人看了就舒服，就看它能不能让你觉得愉快，而不是觉得乱糟糟或者后悔。如果看到它心里就高兴，那它就有让人赏心悦目的好处了。

不过，就算是有用的好东西，如果随便乱放，它们也会让家里看起来十分杂乱。分类就像一个魔术师，可以让家里变得整整齐齐，在整理东西之前，我们首先要明白怎么分类，还要知道为什么分类。

学会把东西分类放好是让生活变得井井有条的第一步。可以按照东西的功能来分类，或者是按季节来分类，让每个东西都有自己的地方。这样家里不仅看起来干净整洁，我们找东西也方便，让生活变得更有效率。

分类的过程也是整理自己生活方式的好机会。它让我们学会更好地整理家里的东西，在忙忙碌碌的日子里找到一份安宁与和谐。当我们开始认真对待家里的每一样东西，给它们一个合适的位置时，生活也会变得更加有条理。

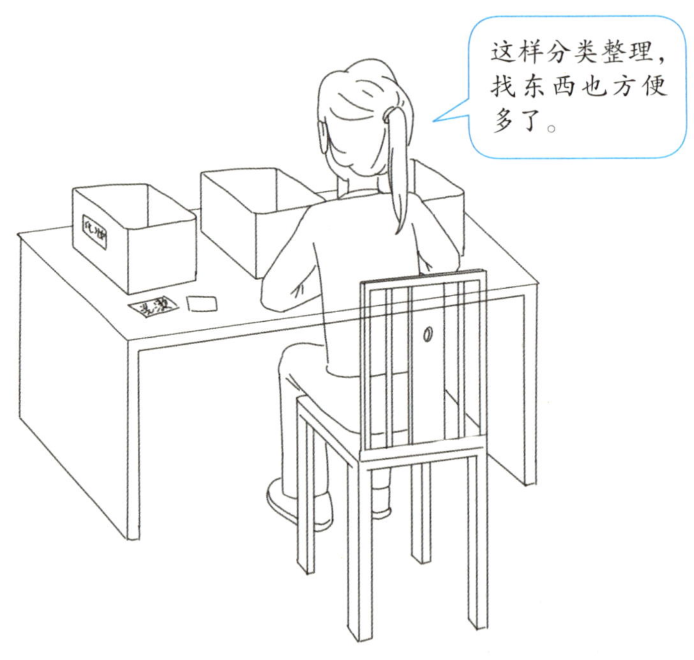

断舍离智慧

物品分类听起来可能有些复杂，但其实它就像给家里的每件物品找一个合适的“家”，能让生活变得更加井井有条。物品分类不仅仅是一种技巧，更是一种思维方式。我们可以尝试多种分类方法，比如按使用频率、空间功能等。我们可以把高频使用的物品放在触手可及的地方，把低频使用的物品放在不易打扰的区域。同时，每个空间都有其特定的功能，比如厨房主要存放食材和厨具，卧室则偏向衣物和床品。根据这些功能来规划分类，能让空间被高效利用。

下面，我们来一步步学习如何进行物品分类，让整理变得既简单又高效。

第一步：明确存在的理由

问问自己：“我为什么要留下这个东西？”是因为它有实际用途，还是因为它承载着某种情感？实用物品，比如锅碗瓢盆、衣物鞋子，是为了让我们生活得更舒适、更方便；情感物品，比如照片、纪

念品，则是因为它们让我们感到快乐、温暖，即使不用，看看它们也能让我们心生欢喜。

第二步：区分用具与用品

对于实用物品，我们可以进一步细分为用具和用品。用具是那些能帮助我们完成任务的工具，比如锅、碗、拖把，它们可以重复使用；用品则是消耗品，比如油盐酱醋、洗衣粉，用一次就少一次。这样区分后，我们就能更清楚地知道哪些需要定期补充，哪些需要好好保养。

第三步：收藏与展示的抉择

对于情感物品，我们可以根据是想珍藏还是想展示来分类。对于纪念品，比如第一次旅行的车票、家人的手写信，或许更适合放在抽屉或盒子里，偶尔拿出来回味；对于装饰品，比如挂画、摆件，则是为了让家里更有氛围，可以大大方方地展示出来。

第四步：使用与备用的区分

在实用物品中，尤其是用品类，我们还要考虑使用和备用的区分。正在使用的物品，比如牙刷、毛巾，应该放在显眼且方便拿取的位置；备用的物品，比如多余的毛巾、纸巾，则可以收纳在柜子深处或高处，以备不时之需。

断舍离思考

思考一：关于分类原则

1. 按功能分类有哪些具体好处?

2. 如何对用途不同的物品进行分类?

3. 哪些物品适用于按季节分类?

4. 如何确定最适合自己的分类原则?

思考二：关于分类工具

1. 如何选择不同类型的收纳盒?

2. 标签的设计有哪些要点?

3. 除了收纳盒和标签，还有哪些分类工具?

4. 如何利用分类工具提高分类效率?

思考三：关于分类过程

1. 遇到难以分类的物品该怎么办?

2. 如何克服对某些物品的不舍情绪?

3. 在分类过程中如何保持条理清晰?

4. 有哪些方法可以确保分类的准确性?

果断告别无用之物

断舍离困境

慧琳是个购物狂，她的家里堆满了各种各样的物品。每次看到喜欢的东西，她总是忍不住买下来，却很少考虑这些物品是否真的有用。

随着时间的推移，慧琳的家变得越来越杂乱，开始感到焦虑和压抑。她意识到自己需要对家里的物品进行清理，但是每次当她想要舍弃一些东西时，心中总是充满了不舍和犹豫。

为了判断物品的实用性，慧琳开始思考自己的真正需求。她问自己："我真的会用这个物品吗？它对我的生活有什么帮助？"通过这样的思考，她发现很多物品其实已经很久没有用过了，或者根本不适合自己的生活方式。

然而舍弃这些无用之物并不是一件容易的事情。慧琳开始尝试一些心理调适方法。她告诉自己，舍弃这些物品并不是浪费，而是为了让自己的生活更加美好。她也想象着这些物品可能会被其他人需要和珍惜，这样让她的内心感到一些安慰。

在决定舍弃无用之物后，慧琳开始寻找处理物品的途径。她把一些比较新的衣服和书籍捐赠给当地的慈善机构。对于一些有一定价值的物品，她选择在二手交易平台上出售；对于一些无法捐赠或出售的物品，她则进行了分类回收。

通过这次清理，慧琳的家变得整洁了许多，她的心情也变得轻松愉快。她意识到，果断告别无用之物是一种勇气，也是一种智慧。

从那以后，慧琳在购物时也变得更加谨慎，她会认真考虑物品的实用性，不再盲目地购买。同时她也会定期对家里的物品进行清理，让自己的生活始终保持简洁和有序。

女性心灵密码

我们常被各种物品包围，过时的衣服、老旧的物件，它们放着无用，扔了可惜。学会舍弃这些无用之物是给心灵解压。懂得分辨物品的真实价值，便能拥有明辨是非的眼光，不再被外表或一时冲动所误导，而是深思熟虑它们是否真正满足日常所需。

每件物品都应该有其用途，如果只占据空间而没有实际助益，就会成为一种累赘。舍弃这些无用物品，也许需要一定的心理建设，毕竟当初都是真金白银买回来的。其实，你只要记住，放手不是失去，而是为更有价值的拥有腾出空间。试想，那些被你舍弃的物品能在别人那里发光发热，是不是也会觉得很开心、很温暖呢？

找到恰当的处理方式，能让舍弃变得更有深意。你可以选择捐赠，将爱心传递给需要帮助的人，为他们带去希望与慰藉；也可以选择出售，让物品寻得新主人，继续发光发热；或是回收，为环境保护贡献一份力量。

勇敢地与无用之物告别后，你会发现生活空间变得整洁，心灵也变得轻松。在此过程中，你将更加珍视那些无法量化的宝贵财富——爱、勇气与成长。

断舍离智慧

对于那些无用之物，就要果断舍弃，不仅能让我们的生活空间更加宽敞明亮，还能让我们的心灵得到释放，更加轻盈自在。通过断舍离的实践，我们可以提升选择和决断的能力，让人生之路更加畅通无阻。

1. 审视物品，区分有用与无用

要告别无用之物，首先要学会审视它们。我们需要重新审视每一件物品与自己的关系，判断它是否真正符合我们的需求。那些长时间未使用、功能已过时或者不再带来积极情感体验的物品，都可以被视为无用之物。比如，堆积如山的旧文件、坏的圆珠笔、不再使用的橡皮筋等，它们不仅占据了空间，还有可能成为我们内心的负担。对于那些包含回忆和纪念的物品，我们则需要更加谨慎地审视它们是否仍然对现在的自己有价值。

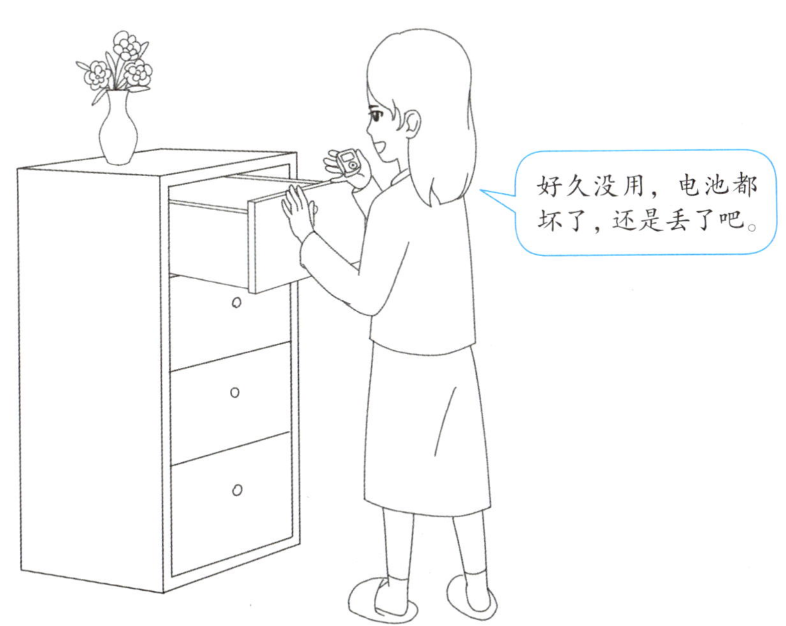

2. 分类处理，轻松告别

面对闲置的物品，我们可以采用分类处理的方式。将所有的物品分为现在要处理的、等一个月以后处理的、等三个月以后处理的以及可以等更久再处理的。对于现在就要处理的物品，我们可以毫不犹豫地选择变卖、转赠或扔掉；对于那些暂时还舍不得扔的物品，我们可以将它们放入相应的箱子中，等待时间的考验。通过这种方式，我们可以更加轻松地与无用之物告别，同时也给自己一个缓冲的时间来适应这种变化。

3. 心理调适，迎接新生活

舍弃无用之物并不是一件容易的事情，它需要我们进行心理调适。我们需要认识到舍弃并不是为了丢弃而丢弃，而是为了创造一个更加整洁、舒适和有意义的生活环境。当我们明白这一点后，就可以更加坦然地面对舍弃的过程。我们还可以采用逐步舍弃的方式，先从一些比较容易的物品开始，逐渐适应这种变化。在舍弃物品时，我们也可以考虑给它们找到一个新的归宿，比如捐赠给慈善机构或送给有需要的朋友。这样不仅可以让我们感到物品并没有被浪费，还可以让我们在帮助他人的过程中获得满足感。

思考一：关于实用性判断

1. 哪些标准可以用来判断物品的实用性？

2. 如何区分暂时不用和完全无用的物品？

3. 物品的情感价值会影响对其实用性的判断吗?

4. 有哪些方法可以避免误判物品的实用性?

思考二：关于心理调适

1. 舍弃无用之物时会产生哪些心理障碍?

2. 如何克服对物品的留恋和不舍?

3. 在心理调适的过程中可以借助哪些力量?

思考三：关于物品的处理途径

1. 不同物品的处理途径各有什么优缺点?

2. 如何选择最适合的物品处理方式?

3. 在捐赠、出售和回收过程中需要注意哪些问题?

4. 你有没有其他创新的物品处理途径?

感受极简生活的魅力

断舍离困境

周末，佳怡和朋友出门逛街，她看到一家精品店正在搞促销活动，立马拉着朋友冲进店里，挑挑拣拣地买了一大堆东西。

佳怡开心地向朋友展示道："看这款香薰，我要摆在床头，还有这个摆件，可以放在客厅的桌子上，还有这些东西，虽然我暂时没想好怎么摆，但是肯定会派上用场。"

说罢，佳怡发现朋友的手中空荡荡的，一样东西也没有买。

佳怡疑惑道："这个店里的东西这么便宜，你不买一些回去吗？"

朋友笑着摇了摇头，对佳怡说道："不买了，我最近在坚持极简生活。"

极简生活？这对于佳怡来说真是一个新鲜的词汇。

佳怡提着一大包东西回家，还来不及整理买回来的东西，就第一时间冲到电脑前，查询有关“极简生活”的资料。原来极简生活就是一种化繁为简的生活方式，其中包括购物观念、收纳、物品数量、物品去处、环保等方面。

佳怡心想：怪不得朋友什么东西都没有买，看来极简生活不仅能将生活化繁为简，还可以省下一大笔不必要的开销。

佳怡是一个行动力极强的人，一旦下定决心，很快就会付出行动。趁着下午的闲暇时间，她立马给家中来了个大清扫，将一些不需要的物品进行断舍离。

第二天起床，佳怡打开衣柜翻找衣服，丈夫不动声色地来到她身后，说道：“衣柜里的衣服少了好多。”

佳怡听见后，立马回头笑道：“不仅是衣柜，你看家里是不是也整洁了许多？”见到丈夫被勾起好奇心，佳怡立马将自己刚领悟到的心得分享给他。

丈夫听完，连声称赞道：“没想到生活还有这么大的学问，看来我也要和你一起好好学习，感受一下极简生活的魅力了！”

女性心灵密码

极简生活是一种追求精简、注重品质与需求匹配的生活方式，并非单纯限制物品数量或禁止某些类型的消费。

极简生活并不意味着你所拥有的物品必须严格控制在某个数字之内，它更多的是强调只保留那些真正满足生活需求和带来价值的物品，无论数量多少。同时，极简生活也不是要求人们不能购买奢侈品或超出自己经济能力的物品，而是倡导理性消费，避免盲目跟风或为了炫耀而购买不必要的物品。它鼓励人们根据自己的实际需求和财务状况来做出明智的选择。此外，极简生活并不等同于苦行僧式的生活，它并不排斥享受和愉悦。相反，极简主义者更注重内心的平静和满足，他们懂得如何在有限的物质中寻找到真正的幸福。

极简生活是一个让你觉醒的助手，可以帮你摆脱掉那些不必要的物品，让你能够发现并专注于那些真正对你重要的事情。通过实践极简生活，你会更加清晰地认识到“想要”和“需要”之间的区别，学会真正为自己而消费。你会明白应该在哪些方面追求高品质的生活，在哪些方面则可以不必太过计较，随和一些也无妨。最重要的是，你将能够自主地决定如何分配自己的时间和金钱。

断舍离智慧

我们常常被各种物品和信息所包围，感到身心疲惫。极简生活则可以帮助我们摆脱这种困境，让生活回归本质。通过极简生活，我们可以节省时间、空间、金钱。更重要的是，我们能够发现对自己真正重要的人和事物，让生活变得更加有意义。

1. 省时间：找回属于自己的时光

极简生活，可以让我们重新拥有真正属于自己的时间。在物质充裕的情况下，我们往往需要花费大量的时间和精力去选购、比价、维护各种物品。极简生活则让我们意识到自己真正需要的并不多。通过简化物品，我们可以减少这些不必要的时间消耗，找回属于自己的时光。同时，当物品减少时，找东西也变得更加容易，节省更多的时间和精力。

2. 省空间：让生活更加宽敞舒适

极简生活能为我们节省空间。拥有大量的物品需要占据更多的空间，而空间是有限的。通过极简生活，我们可以减少不必要的物品，让空间变得更加宽敞舒适。这不仅让我们住得更加舒心，还能节省生存成本。通过极简生活，我们可以更好地利用空间，让生活更加经济实惠。

3. 省钱：让金钱花在刀刃上

省钱是极简生活最直观的好处之一。通过减少不必要的物品和开支，我们可以节省大量的金钱。同时，极简生活也让我们更加珍惜每一件物品。这样一来，我们不仅能够节省金钱，还能培养自己的节俭意识和环保意识。在极简生活中，我们不会再为了虚荣而购买不必要的物品，而是更加注重物品的实用性和品质。

4. 发现真正重要的事物：让生活更加有意义

除了节省时间、空间和金钱外，极简生活还能让我们发现对自己真正重要的人和事物。在物质充裕的情况下，我们很容易被各种琐碎的事情所困扰，无法专注于真正重要的事情。极简生活则让我们学会放下那些不必要的负担，专注于自己真正关心的人和事。通过清理物品和信息，我们可以拨开生活中的重重迷雾，找到真正重要的事物，让生活变得更加有意义。

断舍离思考

思考一：关于极简理念的理解

1. 你对极简生活的理念有哪些认识?
2. 极简生活是一种纯粹的物质减少吗?
3. 如何在不同生活场景中体现极简理念?
4. 极简生活理念如何影响我们的价值观?

思考二：关于专注力提升

1. 杂乱的环境如何影响你的专注力?
2. 极简生活如何帮助你提高专注力?
3. 在极简生活中，如何培养持久的专注力?
4. 专注力的提升对生活的其他方面有哪些积极影响?

思考三：关于幸福感增强

1. 物质丰富一定能带来幸福感吗?
2. 极简生活中的哪些元素能提升幸福感?
3. 如何在极简生活中创造更多的幸福瞬间?
4. 幸福感的提升如何推动你坚持极简生活?

有序收纳物品的奥秘

断舍离困境

雅琪架好摄相机，调整好灯光，按下开始按钮，开始了今天的拍摄。

虽然雅琪在生活中是一位看似平凡的女性，可是在网络中，她是知名博主、收纳达人，她以其独到的收纳技巧和对生活的热爱，在网络上收获了一大批忠实粉丝。

在雅琪的家中，每一件物品都仿佛被赋予了生命，它们各自有序地排列着，讲述着关于“让物品有序收纳的奥秘”的故事。

雅琪曾在网上分享过自己的收纳经历，其实她的收纳之旅始于

一次偶然。那时的她和大多数人一样，住在空间狭小、物品杂乱无章的房子里。

后来有一次，她去喜欢做手工的朋友家做客，见到朋友将不同类型的装饰品放在小抽屉盒里，她恍然大悟：是不是家里堆积的物品也能分门别类，装在盒子里呢？

回家之前，雅琪去超市买了一些大大小小的透明收纳盒，她准备用大的盒子放过季的衣物，用小盒子装一些不常用的物品。

从那之后，雅琪就执着于研究各种收纳工具和方法，从简单的抽屉分隔器到复杂的衣柜收纳系统，每一样都亲自试用，不断总结经验。在雅琪的不断努力下，原本拥挤不堪的衣柜变得井井有条，每一件衣物都找到了属于自己的位置；厨房里的调料罐、餐具和食材也被她巧妙地安排得既美观又实用；就连客厅里的书籍、杂志和遥控器，也都被她一一归置，让空间显得更加宽敞明亮。

同时，雅琪还将自己的收纳过程拍摄成视频，剪辑后发布到网络上，引发许多网友效仿。大家不仅学习了雅琪的收纳方式，还和她学习如何与物品断舍离。

就像雅琪常常在视频里对大家说的那样，收纳不仅仅是整理物品，更是一种生活态度的体现。当你学会了与物品和谐共处时，你的生活也会因此变得更加美好！

女性心灵密码

对于大多数家庭来说，杂乱无章往往只是表面现象，真正的问题在于我们可能并不真正了解自己及家人的需求、生活状态和习惯。很多家庭即使外表看起来整洁有序，也常会出现找不到东西的情况。

收纳是一种让生活更有序的艺术。它不仅是把东西摆整齐那么简单，更是要让物品的摆放符合我们的使用习惯和生活场景，让生活更加整洁和便捷。通过收纳，我们可以逐步梳理自己及家人的生活习惯和消费习惯，发现那些不必要的物品，并逐渐将它们舍弃。

在收纳的过程中，我们还需要学会尊重家人的各种生活习惯。比如，如果丈夫喜欢随手乱扔东西，我们可以为他设定一个专门的“扔物区”；如果孩子总是四处乱放玩具，我们可以为他们准备几个大玩具筐，并鼓励他们养成归位的习惯。

收纳不仅是一个整理物品的过程，更是一个解决难题的过程。它教会我们如何与自己和世界和解，如何调和家庭中的矛盾，从而获取更多的幸福感。当我们学会收纳时，就会发现生活其实可以变得更加有序和美好。我们不会再为找不到东西而烦恼，不再为家中的杂乱而心烦意乱。学会收纳让我们的生活变得更加简单、舒适和幸福。

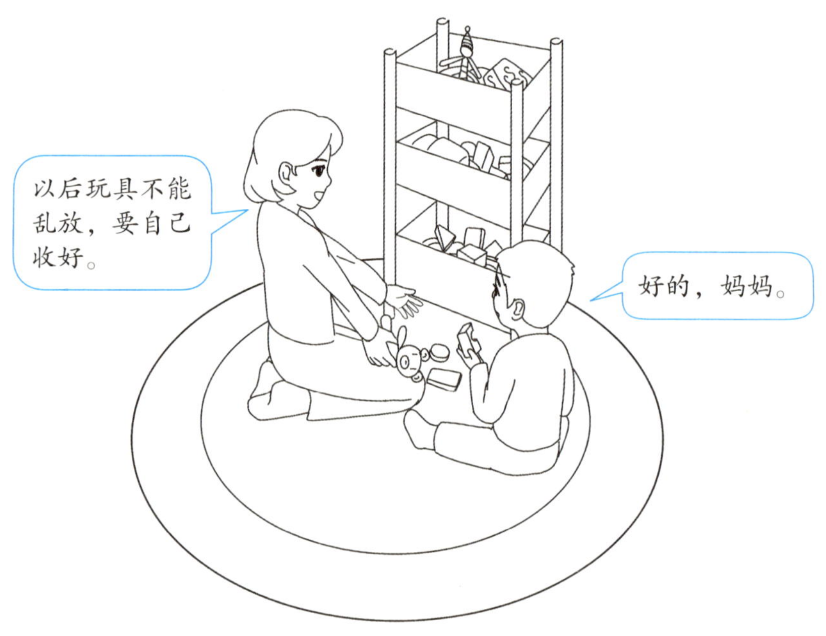

断舍离智慧

收纳不仅是为了让家里看起来整洁美观，它更关乎我们的生活质量与心情。一个井井有条的家能让我们在忙碌的生活中找到一丝宁静与舒适，那么如何才能有效地进行收纳，让物品有序摆放呢？

1. 培养收纳习惯，让有序成为日常

收纳既是一种生活态度，又是一种日常习惯。要想让家里保持整洁，就需要我们每天抽出几分钟的时间，对物品进行简单的整理与归位。这并不需要花费太多精力，只要坚持下去，效果就会非常显著。同时，家庭成员之间也可以互相监督，一起努力，让收纳成为家庭成员的一项共同任务。每当用完一件物品，每个人都要记得把它放回原位，这样不仅能保持家居环境的整洁，还能让我们在需要时迅速找到所需物品，提高生活效率。

2. 掌握收纳技巧，让物品各归其位

在进行收纳时，掌握一些技巧能让我们的工作更加得心应手。首先，要给每件物品找个固定的“家”，避免随意放置导致混乱。这样每次使用完物品后，都能轻松地将它放回原位，保持收纳空间的整洁有序。其次，在选择收纳用品时，我们可以考虑色彩搭配，让收纳空间更加美观。选择与家居风格相协调的颜色，或者添加一些亮色系的收纳盒、篮子等，都能为居家环境增添一分活力。

此外，角落也不容忽视。利用角落放置一些收纳架、转角柜等，能充分利用空间，增加收纳面积。对于一些不美观或不常用的物品，我们可以采用隐藏收纳的方式，将它们放在沙发下面、床底下等隐蔽位置，既不影响美观，又能满足收纳需求。

3. 持之以恒，享受有序生活的美好

收纳是一个循序渐进的过程，需要我们持之以恒的努力。在这个过程中，我们可能会遇到一些挑战和困难，比如找不到合适的收纳方法、难以坚持每天整理等。但只要我们保持耐心和毅力，不断尝试和调整，就一定能找到适合自己的收纳方式和习惯。随着时间的推移，我们会发现家里的物品变得越来越整齐有序，生活也变得更加美好。

思考一：关于空间利用

1. 如何发现家中未被充分利用的空间?

2. 有哪些创意方法可以最大化利用空间进行收纳?

3. 空间利用在收纳中起到哪些关键作用?

4. 如何根据不同的空间特点进行个性化收纳?

思考二：关于分类收纳

1. 如何确定最适合自己的分类方式?

2. 如何分类收纳才能提高物品查找的效率?

3. 如何让分类具有准确性和持久性?

4. 如何对不同类型的物品进行更精细的分类收纳?

思考三：关于收纳用品

1. 如何挑选符合自己需求的收纳用品?

2. 收纳用品的材质和设计对收纳效果有哪些影响?

3. 如何利用收纳用品创造更多的收纳空间?

4. 有哪些新颖的收纳用品值得尝试?

第三篇

情感梳理，拥抱真实自我

在情感世界里，学会“断舍离”同样十分重要。这并不意味着要冷漠无情，而是要学会适时放手。有时候，我们紧紧抓住一段已逝的感情，或是对某个不再适合的人念念不忘，这只会让自己陷入无尽的痛苦和纠结中。学会“断”，就是勇敢地结束对自己不再有益的关系；学会“舍”，就是放下那些让人沉重的回忆；学会“离”，就是给自己空间去迎接新的生活和感情。只有这样，我们才能轻装上阵，拥抱更加美好的未来。记住，放手也是一种成长。

情感罗网里的挣扎

断舍离困境

韩月是一个性格温柔、心地善良的女孩儿，无论是在工作上还是生活中，她总是全力以赴。但她的心里藏着许多不为人知的情感纠葛。

韩月的男友时而晴空万里，对她呵护有加，让她沉浸在甜蜜之中；时而又乌云密布，对她冷淡疏远，甚至几天都不见踪影。韩月为了这段感情付出了自己的全部，她努力适应男友的变化，希望能找到两人相处的平衡点。但无论她怎么努力，男友的态度总像过山车一样，让她的心情也跟着起起落落，时而幸福欢笑，时而泪水涟涟。

在朋友圈里，韩月也有着自己的困扰。她有一个自认为关系很好的朋友，但这个朋友总是在背后偷偷说她的坏话，甚至在一些场合故意排挤她。韩月得知后，心里五味杂陈，她不明白为什么自己真心相待的朋友会这样做。她想过放弃这段友谊，但又害怕失去这个朋友，心里十分纠结。

除此之外，韩月还经常被负面情绪所困扰。工作上的压力、感情上的挫折，像两座大山一样压在她的心头，让她喘不过气来。每当夜深人静的时候，她总会独自流泪，感觉生活失去了方向，未来一片迷茫。

这些复杂的情感问题紧紧束缚着韩月，让她的生活变得一团糟。她开始在工作中频繁出错，身体也因为长期的焦虑和压力而变得虚弱不堪。韩月终于意识到，如果再不做出改变，自己可能会失去更多。

于是，她决定勇敢地面对自己的情感问题。她试着学会独立，不再过分依赖男友的回应；她要重新审视自己的朋友圈，找到真正值得交往的朋友；她还要学会调整自己的心态，用积极乐观的态度面对生活中的挑战。

女性心灵密码

当我们陷入一段糟糕的恋情时，那感觉就像掉进了一个深不见底的旋涡，无论我们怎么挣扎，都好像无法逃脱，只能任由自己的情感和精力被一点点吞噬。我们可能会在这段关系里寻找所谓的幸福，但得到的只是更多的伤害和失望。真正的爱情不应该是这样的，它应该像一座坚固的桥梁，连接着两个人的心，让我们在彼此的尊重与扶持下共同前行。但有时候，我们可能会走错路，遇到那个并不适合我们的人。这时候我们就要有勇气去承认、去面对，然后勇敢地断舍离，摆脱这段不良恋情的束缚。

除了恋情，复杂的人际关系也时常让我们感到疲惫不堪。有些人表面上对我们笑脸相迎，背地里却陷害算计，这样的虚伪友情只会给我们带来无尽的烦恼。我们要学会分辨哪些是真正的朋友，哪些只是过客。对于那些伤害我们的人，我们要勇敢地断舍离，不让他们的行为继续影响我们的心情和生活。

生活中的负面情绪就像一片厚重的乌云，遮住了我们心中的阳光。但请记住，无论遇到什么困难，我们都要积极寻找解决的方法。通过积极调整心态，我们可以让内心重新散发光芒，再次感受生活的温暖与美好。

断舍离智慧

女性在生活中扮演着多重角色，她们既是职场上的精英，也是家庭的支柱，更是朋友的温暖依靠。然而，在这丰富多彩的生活中，很多女性面临着诸多情感上的挑战与困境。这些情感问题如同沉重的包袱，束缚着她们的脚步，让她们在人生的道路上步履维艰。但请相信，无论遇到何种情感问题，女性都有能力找到解脱之道，重新找回属于自己的幸福与快乐。

1. 走出不健康的恋爱关系：重拾自我

在恋爱的世界里，有些女性可能会因为内心的不安而过度依赖对方，甚至失去了自我。这种依赖不仅让她们在这段关系中变得卑微，更让她们在对方无法满足自己需求时感到焦虑与不安。面对这种情况，女性需要勇敢地走出不健康的恋爱关系，重拾自我。她们要学会

独立，拥有自己的生活和兴趣，不再将全部的情感寄托在恋人身上。同时，她们也要学会放下过去的伤痛，勇敢地面对未来，寻找属于自己的幸福。

2. 化解复杂的人际关系：构建和谐的氛围

在职场和家庭中，女性常常需要处理各种复杂的人际关系。同事之间的竞争、家庭中的矛盾、朋友间的误解，都可能成为她们情感上的困扰。为了化解这些矛盾，女性需要学会沟通技巧，用真诚和耐心去倾听他人的想法，理解他人的感受。同时，她们也要学会宽容和包容，不要过于计较得失，以平和的心态去面对生活中的种种挑战。只有这样，她们才能在职场和家庭中构建和谐的人际关系，让自己的生活更加美好。

3. 驱散负面情绪的阴霾：拥抱阳光心态

负面情绪如同乌云般笼罩在女性的心头，让她们感到焦虑、抑郁和愤怒。这些情绪不仅影响着她们的心情与状态，更在无形中塑造着她们的人生轨迹。为了驱散这些负面情绪，女性需要学会调整自己的心态。她们可以通过运动、阅读、冥想等方式来放松身心，缓解压力。同时，她们也要学会正视自己的负面情绪，找到合适的方式来宣泄和释放。更重要的是，她们要培养一颗阳光的心态，用乐观和积极的态度去面对生活中的每一个挑战。只有这样，她们才能摆脱负面情绪的困扰，重新找回属于自己的快乐和幸福。

断舍离思考

思考一：关于不健康的恋爱关系

1. 如何判断一段恋爱关系是否健康？
2. 不健康的恋爱关系会给生活带来哪些具体影响？
3. 当陷入不健康的恋爱关系时，如何鼓起勇气断舍离？
4. 断舍离后如何进行自我疗愈，重新拥抱健康的感情？

思考二：关于复杂的人际关系

1. 哪些迹象表明人际关系过于复杂？
2. 复杂的人际关系对个人情绪和生活有哪些危害？
3. 如何在复杂的人际关系中坚守自我，不被他人影响？
4. 怎样果断地断舍离那些消耗自己的人际关系？

思考三：关于建立良好关系

1. 具备哪些要素的人际关系才是健康良好的？
2. 如何主动建立和培养良好的人际关系？
3. 在建立良好关系的过程中，如何避免重蹈复杂关系的覆辙？
4. 良好的人际关系对个人成长和幸福有哪些积极影响？

摆脱负面情绪的风暴

断舍离困境

苏瑶最近有些焦虑，她白天在公司里唉声叹气，夜晚失眠在床上辗转反侧，怎么也睡不着觉。

坐在苏瑶对面的同事听见她叹气，忍不住询问道：“苏瑶，你这是怎么了？整天唉声叹气的？”

苏瑶垂头丧气地说：“咱们公司不是接了个新项目嘛，经理说这个项目让我负责。我第一次一个人带项目，焦虑得不行，头发大把大把地掉，每天晚上都失眠。”

同事拍拍苏瑶的肩膀，安慰道：“你的工作能力这么强，一定不会出问题的！”

同事的鼓励并没有让苏瑶树立起信心，她反而更加焦虑了。

夜晚，苏瑶躺在床上睡不着，回想着白天的工作细节：是不是哪里有遗漏？是不是那样做会更好？是不是应该……

时间一点点流逝，天越来越亮。苏瑶感觉自己刚刚闭上眼睛没多久，又要起床上班了。

拖着沉重的步伐来到卫生间洗漱，苏瑶被镜子里的自己吓了一大跳。天哪，镜子里的人还是自己吗？整个人蓬头垢面，面色憔悴，黑眼圈深重。

“不行，我不能再这样下去了！”苏瑶暗自下定决心道。

刚开始，苏瑶试图通过购物、美食和社交来逃避这种情绪，但短暂的快乐之后，空虚和焦虑感如影随形。看来她必须找到一种方法，真正摆脱这场负面情绪的风暴。

于是，苏瑶开始尝试各种方式来调整自己的心态。她报名参加了瑜伽课程，希望通过身体的放松来缓解内心的压力。

除了瑜伽，苏瑶还开始尝试写作。她将自己的心情和经历记录下来，无论是喜悦还是悲伤，都毫无保留地倾诉出来。

最终，苏瑶成功摆脱了负面情绪，不仅重新找回了自信心，在工作中也游刃有余，顺利完成了公司安排的任务，再也不用担心睡不着觉了！

女性心灵密码

在日常生活中，焦虑、抑郁、愤怒这些负面情绪就像突如其来的暴风雨，让人难以预料。更糟糕的是，这些情绪还会像滚雪球一样，越滚越大，最终严重影响我们的日常生活和人际交往。

面对负面情绪，我们不能一味地逃避或压抑，而应该学会“断舍离”。这不仅仅是一种生活态度，更是一种心理调适的方法。我们要有勇气舍弃那些有害的情绪，就像整理房间一样，把不需要的、有害的东西扔掉，让心灵的空间变得更加宽敞明亮。

感到焦虑时，我们可以尝试深呼吸，让自己从那些纷繁复杂的思绪中抽离出来，专注于眼前的每一刻。通过冥想、放松练习等方法，我们可以逐渐找回内心的宁静和平和，让自己不再被焦虑所困扰。

当我们陷入自我怀疑和自责的旋涡时，不要一个人默默地扛着，而是要学会向亲朋好友寻求帮助和支持。和他们聊聊天儿、说说心里话，让他们的温暖和关爱驱散我们心中的阴霾。同时，去运动、去亲近大自然也是很好的方式。

在愤怒的时候，我们很容易失去理智和判断力，做出一些伤害自己和他人的事情。这时候，我们要先让自己冷静下来，给自己一些思考的时间。深呼吸几次、暂时离开现场等方法都可以帮助我们暂时恢复冷静。

断舍离智慧

在生活中，不管我们怎么宽慰自己，也难免会遇到各种让人头疼的负面情绪，比如焦虑、害怕、生气和难过。这些情绪就像不受欢迎的不速之客，让我们的心情变得糟糕，甚至影响我们的日常生活和工作。别担心，我们并不是毫无办法。接下来，我们就来聊聊几个既简单又实用的方法，帮你找回内心的宁静和快乐。

1. 换个思路，不要陷入情绪旋涡

当负面情绪找上门时，一个简单而有效的方法就是转移你的注意力。人的精力是有限的，当你把注意力放到别的事情上时，那些负面情绪就会被暂时忘掉。你可以试试数数、找找周围环境中有没有什么特别的颜色或物品，或者通过拍拍手、跺跺脚这样的活动来转移注意力。这些简单的小动作能帮你打断负面情绪的循环，让你重新找回对生活的掌控感。

2. 冷静观察，别被负面情绪牵着走

有时候，我们之所以无法摆脱负面情绪，是因为我们没有学会客观地看待自己。你可以试着像个旁观者一样观察自己的情绪，感受身体的反应和情绪的起伏。你会发现，当你以这种方式去观察自己时，那些负面情绪就会慢慢失去力量，最后从你身体脱离开。这种练习不仅能帮助你更好地理解自己的情绪，还能让你在面对负面情绪时更加淡定和从容。

3. 找到自己的“情绪开关”，别让它失控

每个人都有自己的“情绪开关”——也就是那些容易引发负面情绪的因素。这些开关可能藏在我们的童年记忆里，或者与某些特定的人或事有关。找到并了解自己的“情绪开关”，当你意识到自己的情绪被触发时，就要及时采取措施进行制止，避免情绪进一步恶化。

4. 转化情绪，让它成为你的动力

负面情绪并不是一无是处，它们也包含着一些重要的信息和价值。比如，悲伤可能让我们更加珍惜身边的人，愤怒则能激励我们去改变不公平的事情。学会转化情绪，把它变成前进的动力，你就能在负面情绪中找到成长的机会。当然，也要注意在情绪不好的时候，避免做出重要的决定或进行高风险的活动，以免影响你的判断和行为。

思考一：关于负面情绪的认知

1. 如何准确识别自己正在经历负面情绪？

2. 不同的负面情绪有哪些独特的表现形式?

3. 负面情绪的产生通常有哪些触发因素?

4. 如何区分正常的情绪波动和严重的负面情绪?

思考二：关于情绪管理的方法

1. 如何通过深呼吸缓解负面情绪?

2. 运动对改善负面情绪有哪些作用?

3. 如何选择合适的倾诉对象和方式?

4. 还有哪些其他有效的情绪管理方法?

思考三：关于持续调整心态

1. 如何在日常生活中保持对负面情绪的警觉?

2. 当负面情绪再次出现时，如何应对?

3. 怎样建立长期有效的情绪调整机制?

4. 持续调整心态对个人成长有哪些积极影响?

解开过去情感的枷锁与束缚

断舍离困境

4年前，22岁的霓娜邂逅了她的初恋男友，那是一段充满憧憬与甜蜜的时光。然而，随着时间的推移，霓娜逐渐看清了他的真面目——一个典型的渣男。在深思熟虑后，她毅然决然地提出了分手。

后来，他们在某个社交场合相遇，两人却默契地装作互不相识。但令人惊讶的是，没过多久，他竟然又通过微信联系上了霓娜。面对这突如其来的消息，霓娜感到既愤怒又困惑。她不明白，

他究竟是个爱情骗子，还是自己哪里做得不够好，才让他抛下自己去娶别人？这个问题像一块巨石，压在她的心头，让她难以释怀。

直到有一天，霓娜在阅读书籍时，偶然看到了一句话："过去的事就让它过去吧，只有放下过去，才能迎接新的未来。"这句话如同一道温暖的阳光，穿透了她心中的阴霾。她开始反思自己的过去，意识到自己一直活在过去的阴影中，无法自拔。

为了摆脱这种困境，霓娜开始尝试调整自己的心态。她告诉自己，过去的感情已经成为历史，无法改变，但自己可以选择如何面对未来。她开始重新规划自己的生活，积极参加各种社交活动，结交新朋友。她学会了倾听自己内心的声音，关注自己的感受和需求。

在调整心态的过程中，霓娜逐渐找回了自我，她发现生活中还有很多值得她去追求和珍惜的东西。她重新找回了对工作的热情，业绩也逐渐上升。更重要的是，她学会了如何与他人建立健康、平等的关系，不再轻易被感情左右。

如今霓娜已经彻底放下了那段过去的感情，她变得更加自信、坚强和独立。她相信在未来的某一天，自己一定会遇到那个真正值得去爱的人。

女性心灵密码

很多人容易在爱情中失去自我，把另一半当作生活的全部，却忘了爱自己才是最重要的。

爱情走了，不代表世界末日。相反，这是重新找回自我，学会自爱的契机。面对一个不再爱你的人，别急着自责，也别觉得自己哪里不好。感情的事，从来都不是单方面的问题，两个人都有份。如果在这段感情里你犯了错，那就把它当作成长的一部分，吸取教训，为将来的幸福铺路。

记住，你值得被爱，这份爱首先得从爱自己开始。多给自己一些温暖和关怀，把眼光放在自己身上，你会发现，随着对自己的爱越来越多，你的魅力也在悄然增长，那些曾经让你纠结不已的小事，都变得微不足道了。

别让过去的感情成为你前进道路上的绊脚石。勇敢地走出失落，尝试一些新事物，结识一些新朋友，让生活充满色彩和活力。当把注意力越来越多地放到自己身上，你会变得更加自信和强大，那些过往的情感伤痛，也会随着时间的推移，慢慢淡出你的记忆。

断舍离智慧

在面对亲情、友情、爱情等各种情感时，我们都会遭遇情感的波折。这些过去的情感如同沉重的枷锁，束缚着我们的心灵，让我们难以自由地追寻美好的生活。请相信，我们内心深处蕴藏着解开这些枷锁的力量，只需勇敢地迈出那一步，就能重新拥抱生活的无限精彩。

1. 放下执念，让心灵自由飞翔

过去的情感，无论多么刻骨铭心，都已成为我们人生中的一段经历。如果我们一直执着于过去的回忆，就像背负着沉重的包袱，无法轻松地前行。那些甜蜜或痛苦的回忆，虽然曾经是我们生活的一部分，但它们并不能定义我们的现在和未来。因此，我们要学会勇敢地放下过去，让那些回忆成为我们人生中的宝贵财富，而不是束缚我们前行的枷锁。只有我们真正放下执念，才能让心灵自由飞翔，去追寻更加美好的未来。

2. 原谅自己，走出过去感情的束缚

在过去的感情经历里，我们可能犯过错，也可能留下过遗憾，但请记住，这些都是我们成长过程中的必经之路。别对自己太苛刻，要

学会接纳自己的不足。因为在这个世界上，没有人是完美的，我们都在不断学习和进步。只有当我们学会放下对自己的责备，才能真正减轻内心的压力，从感情的束缚中走出来。这样我们才能以更加轻松自在和自信满满的心态去迎接未来的每一天。

每一次感情经历都是人生中宝贵的收获。从这些经历中，我们可以回头看看自己在感情里的表现，进而更明白自己想要什么、看重什么。这些经历教给我们的东西，会让我们变得更加成熟稳重，在未来的感情路上也会更加从容不迫地应对各种情况。所以，别害怕过去的感情，要勇敢地面对，吸取其中的教训，让自己变得更坚强、更自信。

断舍离思考

思考一：关于过去情感的执念影响

1. 过去情感的执念如何具体阻碍个人成长？
2. 执念对建立新关系的影响表现在哪些方面？
3. 这种执念会对身心健康产生哪些危害？
4. 如何察觉自己正被过去的情感执念所影响？

思考二：关于放下过去

1. 有哪些具体方法可以帮助我们放下过去的情感？
2. 如何克服放下过去的过程中的不舍和痛苦？
3. 决定放下后，如何调整心态面对新的生活？

4. 放下过去需要多长时间？有没有阶段性的标志？

思考三：关于原谅自己

1. 为什么原谅自己在解开过去枷锁的过程中很重要？

2. 如何找到原谅自己的切入点？

3. 原谅自己的过程中可能会遇到哪些困难？

4. 怎样确保真正做到了原谅自己？

人际关系筛选，留下重要的人

断舍离困境

雨薇特别喜欢交朋友，哪儿热闹往哪儿钻。可慢慢地，她发现自己的人际关系变得错综复杂，生活里全是琐事和矛盾，让她头疼不已。

有一次，雨薇的朋友找她借钱，她二话不说就借了。可这位朋友迟迟不还钱，雨薇催了好几次，对方都无动于衷。这件事让雨薇十分失望，她开始反思自己的人际关系。

琢磨来琢磨去，雨薇明白了一个道理：不是所有人都值得自己掏心掏肺。于是，她决定给朋友圈来个“大扫除”，只留下那些真

正重要的人。她开始审视自己的朋友圈，渐渐疏远那些只在需要帮忙时才找她、整天不停抱怨、不尊重她的人。

与此同时，雨薇更加珍惜那些真心关心她、支持她的朋友了。她会主动找她们聊天儿，分享生活的点点滴滴。在朋友们遇到难题时，她也总是第一个站出来帮忙。

在这个过程中，雨薇还学会了怎么和别人处好关系。她变得爱聊天儿了，她会耐心听朋友说话，也会大胆说出自己的想法。她学会了尊重和理解别人，不乱给别人贴标签。她还会在适当的时候夸夸朋友，让他们心里美滋滋的。

经过这番“大扫除”后，雨薇的生活变得简单又美好。她再也不用为那些不重要的人烦心了，而是和真正重要的人一起成长、一起进步。现在的她每天都过得开开心心的，身边的朋友也都是真心相待的好伙伴。

女性心灵密码

对于女性而言，除了物品，社交同样需要“断舍离”，最好的方式就是“社交降级”，远离那些无效的社交，遇见全新的自己。与其研究如何在社交场合表现，不如多钻研业务和爱好，这样回报率更高。

别太在意社交细节

在社交场合中，谁坐中间、敬酒时酒杯的高低，这些细节了解一下就好，别太在意。真正的社交价值不在于这些表面的形式，而在于你是否能与真正重要的人建立深厚的感情。

智慧选择社交活动

社交断舍离并不意味着杜绝社交。有趣、有用或重要的社交还是必不可少的，但得算好时间成本，定好回家的时间，别与自己的目标和计划冲突。掌握时间的主动权，把时间花在更值得的人和事上，你会发现自己变得越来越好。

留出空间给真正重要的人

别害怕在人际关系上进行断舍离，要留出空间给真正重要的人。只有这样，我们才能遇见更好的自己，享受更充实、更有意义的生活。作为智慧女性，我们要勇于在人际关系中做出选择，让自己的生活更加精彩。

断舍离智慧

社交必不可少，但过度的社交却往往让我们感到精力耗尽。如何在纷繁复杂的社交网络中保持清醒，做到既不过度沉溺，也不完全隔绝，成了现代人的一大挑战。现在将为你介绍几种社交“断舍离”的方法，帮助你有效管理人际关系，节省时间和精力。

1. 明确社交圈层，精简人际关系

首先，我们需要明确自己的社交圈层。根据“邓巴定律”，人类大脑能够管理的最大交往人数大约是150人。因此，我们可以将人际关系分为三类：知己1 ~ 2名，强连接的核心朋友7名左右，以及最多与150 ~ 200人保持弱连接。通过手账记录下来这些人际关系，我们可以清晰地看到自己的社交圈层，可以通过定期联络保持关系的活跃度。对于超出这个范围的人，我们可以考虑进行“断舍离”，即减少不必要的联系，将精力集中在更重要的人际关系上。

2. 提高社交质量，控制新朋友的数量

在拓展人际关系时，我们不仅要注重数量，更要注重质量。一些无效的社交活动，如5人以上的聚会等，往往会让我们的沟通质量大打折扣。因此，我们可以有选择地参加这些活动，将更多的精力投入到高质量的社交中。同时，控制新朋友的数量也非常重要。

3. 利用现代科技手段优化社交方式

虽然我们要减少无效的社交活动，但这并不意味着要完全杜绝社交。在数字化时代，我们可以利用现代科技手段来优化社交方式。例如，通过直播等形式关注行业论坛的演讲，通过社交平台结识志同道合的听众。这些方式不仅节省了我们的时间和精力，还能让我们在更广阔的社交网络中保持活跃度。

4. 做好自己，吸引更多的“贵人”

最后，管理人际关系的基础是管理自己。我们需要先做好自己，才能吸引更多的“贵人”和好运气。通过提升自己的认知、拓展自己的边界、保持积极的心态和乐观的情绪，我们可以让自己变得更加有魅力，从而吸引更多的人。

断舍离思考

思考一：关于人际关系重要性的认知

1.人际关系对女性的生活和成长的重要性体现在哪些方面?

2.如何衡量一段人际关系的重要程度?

3.重要的人际关系能在哪些方面给予我们支持?

4.为什么说筛选出重要的人对人际关系至关重要?

思考二：关于人际筛选方法

1.有哪些具体的标准可以用来筛选重要的人?

2.如何判断一个人是否只在有需要时才联系我们?

3.是否应该疏远负面和抱怨的人?

4.如何避免在筛选过程中过于主观?

思考三：关于建立健康的人际关系

1.沟通在健康的人际关系中起到哪些关键作用?

2.如何做到真正理解和尊重他人?

3.给予鼓励和赞美有哪些技巧和注意事项?

4.建立健康的人际关系需要我们自身具备哪些品质?

建立健康的情感边界

断舍离困境

露露是个温柔又柔弱的女孩子，总是让人忍不住心生怜爱。然而，在感情世界中，她却因为缺乏边界感而让周围的人感到困扰。

露露特别依赖朋友和恋人，遇到感情问题时，她常常会在半夜三更给朋友打电话哭诉。这让她的朋友们很苦恼，觉得露露太黏人，没有分寸感和边界感。但露露并不这么认为，她觉得关系好就应该不分彼此，可以随意分享自己的喜怒哀乐。

在恋爱中，露露的这种缺乏边界感表现得更加明显。她经常查看男朋友的手机，还不准男朋友有异性朋友。有一次，男朋友因为

跟女同事讨论工作而让露露大发脾气，甚至她还给女同事打电话质问。这让男朋友很尴尬，不得不亲自去跟同事道歉。

每次男朋友出差，露露就会更加没有安全感，她强迫男朋友每天必须给她打视频电话。如果男朋友一天不打，她就会跟男朋友闹别扭、生气。一开始，男朋友还会尽量配合她，但随着工作任务越来越重，他就没时间跟露露打视频电话了。

这时，露露不仅没有体谅男朋友的辛苦，还怀疑男朋友是不是喜欢别人了。她的这种无理取闹让男朋友感到很累，最终男朋友跟她提出了分手。

露露很痛苦，她不明白自己错在哪儿。她觉得爱一个人就应该时时刻刻跟他黏在一起。然而她没有意识到，真正的爱是需要给彼此一定的空间和自由的。

女性心灵密码

在感情中，缺乏边界感会让对方感到压力和束缚，甚至会导致关系的破裂。我们需要学会尊重对方的隐私和独立性，给彼此一些空间和自由，这样才能让感情更加健康、长久。

我们也要从露露的这次经历中吸取教训，学会在感情中保持适当的边界感，让自己的爱情之路更加顺畅。

简单来说，情感边界就是让自己和他人之间保持一定的距离，意识到“我”和“你”是两个独立的个体。在人与人的关系中，如果我们模糊了边界，就容易把自己的意愿强加给别人，这就像入侵了别人的领地，会让人感觉不适。

有边界的感情意味着我们既能在关系中相互连接、相互影响，又能尊重彼此的独立性。然而很多人对边界感的概念并不清晰，有时候我们自以为的关心已经越过了别人的边界，给别人带来了困扰。

当我们对他人表达关心时，往往是从自己的角度出发，却忽略了对方的需求和感受。如果对方明确表示不接受，我们就应该适可而止，而不是继续用我们的方式去“关心”他们。真正的关心是尊重对方的选择，以对方能接受的方式来表达。

判断我们是否尊重他人的情感边界的简单标准就是相处时是否感到舒适。如果对方对我们的好意和关心表现出不适或排斥，我们就应该敏锐地捕捉到这些信号，并做出调整。

建立情感边界不仅是为了尊重他人，更是为了保护自己。只有当我们学会了在人与人的关系中保持适当的距离，才能避免不必要的困扰和冲突，让关系更加健康、舒适。所以，让我们在情感的世界里设立边界，让彼此都能自由地呼吸和成长。

断舍离智慧

在人际交往中，情感边界是我们与他人之间的一道隐形的墙，它保护着我们的内心世界，确保我们不会过度暴露或受到他人的情感侵犯。拥有健康的情感边界能够帮助我们区分自己的感受和他人的感受，从而维护个人的心理健康和和谐的社交关系。那么，如何建立并维护自己的情感边界呢？以下是几个实用的建议。

1. 从小事做起，逐步培养边界感

很多时候，缺乏边界感是因为习惯了对他人的过度干预或过度依赖。为了改变这一问题，我们可以从小事着手，逐渐学会适度表达。比如，在与朋友或同事相处时，不要自作主张，而是多问问对方的意见和感受。当别人表现出不适或拒绝时，要及时停止自己的行为，尊重对方的边界。通过这样的反复练习，我们可以逐渐培养出对边界的敏感度和尊重。

2. 强化自我意识，学会自我评估

建立情感边界的核心在于强化自我意识。我们需要清晰地认识自己的情感需求和边界所在，并在与他人交往时保持警觉。当我们在表达情感时，要注意观察对方的反应，如果对方表现出不满或不适，就要及时反思自己的行为是否越界。同时，我们也要学会衡量哪些事情是自己可以控制的，哪些事情的主动权在别人手里。只做自己可以控制的事情，避免过度干涉他人或被他人的情感左右。

3. 识别并抵制情感操纵

情感操纵是侵犯他人情感边界的一种常见方式。它可能表现为贬低或低估他人的思想、情感和行为，或者通过转移注意力、重新聚焦等方式来逃避责任或满足自己的需求。面对情感操纵，我们要学会保持头脑清醒，识别对方的真实意图，并坚决抵制。要清醒地认识到，我们的感受是属于自己的，我们有权保护它们不受侵犯。

4. 建立安全的保护壳，学会自我保护

在建立情感边界的过程中，我们还需要学会建立一个安全的“保护壳”，以抵御来自外界的情感侵犯。这个保护壳可以是我们内心的力量、自我肯定或是对自我价值的认同。当遇到可能侵犯我们情感边界的情况时，可以运用这个保护壳来保护自己，不被他人的情感左右。同时，我们也要学会给自己一些安慰和鼓励，让自己在面对困难时更加坚强和自信。

断舍离思考

思考一：关于情感边界的认知

1. 什么是情感边界？如何准确理解这个概念？

2. 情感边界在生活中有哪些重要作用？

3. 为什么建立健康的情感边界对女性尤为重要？

4. 如何判断自己的情感边界是否清晰？

思考二：关于明确表达需求

1. 如何克服害怕拒绝别人的心理？

2. 有哪些明确表达自己需求的有效方式？

3. 当表达需求后遭到拒绝，应该如何应对？

4. 怎样确保自己的需求被他人正确理解？

思考三：关于尊重他人的边界

1. 如何识别他人的情感边界？

2. 尊重他人的边界会给人际关系带来哪些好处？

3. 如果不小心侵犯了他人的边界，应该怎么做？

4. 在尊重他人边界的同时，如何坚持自己的原则？

在情感断舍离中寻找安宁

断舍离困境

琳琳性格开朗，经常热心帮助同事，因此在公司里交到了不少朋友。然而，最近琳琳发现了一个问题：在和同事相处时，她总是付出得多，得到的回报却很少。每次和同事相处完，她都会松一口气，有种“终于可以轻松一下”的感觉。

虽然心里有点儿不太乐意，但当同事们找她帮忙时，琳琳总是很难说出拒绝的话。她担心一旦拒绝了，同事们会不再理她，让她在职场上变得孤零零的。这种矛盾的心理让琳琳感到很困扰。

最近，琳琳终于鼓起勇气，拒绝了一位女同事请她帮忙做私人

报告的请求。她对那位同事说："我现在工作很忙，实在没时间帮你。"让她惊讶的是，那位女同事并没有生气，反而向她道歉，并且之后再也没有让她帮忙做类似的事情了。

这次经历让琳琳意识到，原来拒绝并不意味着失去朋友。于是，她开始用同样的方法筛选自己的社交圈，不再一味地迁就别人，而是更加注重自己的感受和需求。她学会了说"不"，也学会了享受一个人的时光。

现在，琳琳下班后不再急着和同事一起走，而是独自回家，享受属于自己的安静时光。她不再需要时刻照顾别人的情绪，也不再需要在同事间刻意营造气氛。这样一来，她有了更多的时间和精力专注于工作和自我提升。

经过一段时间的努力，琳琳的工作业绩和个人成长都有了明显的进步。她发现，原来精简职场社交圈并不会让自己变得孤单，而是让她更加专注于自己的成长和发展。琳琳感慨：真正的朋友不会因为你的拒绝而离开你，而那些只会索取、不懂得尊重你的人，也不值得自己花时间去维系关系。

女性心灵密码

有这样一句话："不要让别人的猴子跳到自己身上。"用这句话来形容职场上的"断舍离"再合适不过。

明确界限

在职场中，首先要明确自己的职责范围，不轻易跨越边界去承担他人的工作。

拒绝的艺术

学会优雅地拒绝那些试图将责任转嫁给你的同事或上司，这是保护自己时间和精力的关键。

聚焦自我

将注意力集中在自己的任务和目标上，避免被他人的事务分散精力，影响自身的工作效率。

促进沟通

当发现同事试图将任务转嫁给你时，应该及时沟通，明确表达你的立场和限制，寻求共识。

保持界限感

在团队协作中，要保持一定的界限感，确保个人责任清晰明确，避免不必要的负担。

断舍离智慧

我们的生活充满了各种情感体验，有的情感如同温暖的阳光，给予我们无尽的能量和勇气；而有的情感则像沉重的包袱，压得我们难以前行。在这样的情况下，学会进行情感上的断舍离就显得尤为重要，它能帮助我们为心灵减压，让我们以一个更加轻松和自信的姿态迎接未来。

1. 理解情感断舍离的价值

情感断舍离并不是对情感的冷漠或忽视，而是一种明智的选择。它要求我们在深入了解自己性格和需求的基础上，勇于割舍那些不再有益、只会带来负担的情感关系，以及那些无意义的社交活动。

2. 倾诉伤痛，心怀感激

如何进行情感上的断舍离呢？首先，我们需要勇敢地表达自己的受伤感受。这可以通过找一个值得信赖的朋友倾诉，或者寻求专业心理咨询师的帮助来实现。此外，我们还可以尝试与自己进行深入的对话，了解自己的内心需求。同时，对于那个曾经伤害过我们的人，我们也要心怀感激。感谢他/她

曾经给我们带来的快乐、帮助和成长，也感谢那段经历让我们变得更加坚强和成熟。

3. 勇于放手，解脱自我

在人际关系中，很难做到完全的平等和付出与收获的均衡。如果一方付出过多，而又总是压抑内心的不满，这样的关系往往难以持久。因此，当一段关系让我们感到疲惫不堪时，勇敢地放手是一个明智的选择。在双方情绪还未恶化到无法挽回的地步时，微笑着说再见总比最后闹得不可开交要好得多。

4. 坚守信念，自信前行

很多人在经历一段感情结束后，往往会陷入对过去的回忆和深深的自我怀疑中。但请记住，你值得拥有更好的。如果你能在感情中始终保持初心，那么你就有资格遇见更好的人。

5. 释怀过往，拥抱新开始

在进行情感断舍离的过程中，很重要的一点是要放下对完美关系的执着。无论是恋爱、婚姻，还是友情，我们都不应该过分苛求完美。因为过度追求完美只会让自己越来越失望，同时也可能让对方失去自信。另外，我们也不应该长时间沉浸在对已经逝去的感情的回忆中。一段感情如果已经结束，就应该勇敢地放下，让过去真正成为过去，这样未来才会有更多的美好等待着我们。

断舍离思考

思考一：关于情感断舍离的重要性

1.情感断舍离对内心宁静具体有哪些重要意义？

2.为什么过多的情感纠葛会破坏内心的宁静？

3.如何认识到自己需要进行情感断舍离？

4.情感断舍离在人生不同阶段的重要性有何变化？

思考二：关于寻找内心安宁的方法

1.冥想如何帮助我们找到内心的安宁？

2.阅读哪些类型的书籍有助于实现内心的宁静？

3.写作怎样成为与内心对话、寻找安宁的方式？

4.还有哪些方法可以在情感断舍离中找到内心的安宁？

思考三：关于持续努力的方向

1.在情感断舍离中可能会遇到哪些阻碍？

2.如何克服这些阻碍，持续寻找内心的安宁？

3.怎样判断自己在情感断舍离中的进步？

4.持续努力、寻找内心安宁对个人成长有哪些影响？

第四篇

时尚蜕变，绽放独特魅力

学会断舍离是迈向时尚的关键一步。真正有智慧的女性懂得通过时尚装扮方面的断舍离，让自己找到适合自己的时尚风格，由此绽放出更加迷人、独特的时尚魅力。要想做好时尚断舍离，实现自我时尚风格的完美蜕变，就需要从时尚装扮的每一个小细节入手，具体包括护肤、美妆、配饰以及衣橱等，用极简的断舍离理念重新审视你的时尚装扮，才能真正重塑自我，让你的时尚风格由此蜕变。

时尚潮流中的迷茫与困惑

断舍离困境

欣欣是一个年轻且热爱时尚的女孩儿，总是对最新的潮流资讯充满好奇。每当有新的潮流趋势出现，她总是迫不及待地想要尝试。

一开始，跟风潮流确实让欣欣感到兴奋和满足。她穿着最新的款式走在街头，感觉自己就像明星般耀眼。但随着时间的推移，她开始感到迷茫和困惑。她发现自己总是在追逐潮流，却迷失了自我，没有真正属于自己的风格。每当新的潮流出现，她就会觉得自己之前的穿着已经过时，于是又开始了新一轮的购买。

这种不断追逐潮流的行为让欣欣的衣柜里堆满了各种只穿过一两次的衣服，有些衣服甚至还带着标签。她的钱包也因此越来越瘪，但她还是不知道自己真正需要的是什么。

一次朋友的聚会改变了欣欣的看法。在聚会上，她看到一个女孩儿穿着简约而有气质的服装，虽然不是当下最流行的款式，女孩儿却散发着独特的魅力。那一刻，欣欣仿佛被点醒，她开始反思自己的时尚观念。她意识到，自己一直在盲目跟风，却忽略了个人风格的重要性。

从那以后，欣欣决定进行时尚断舍离。她开始清理自己的衣柜，把那些不适合自己或者只因为潮流而购买的衣服捐赠出去。这个过程虽然有些痛苦，但她觉得异常轻松。因为她终于明白，时尚不是跟风，不是过度消费，而是找到真正适合自己的风格。

女性心灵密码

时尚本该是我们展现自我风采、释放个性魅力的闪亮舞台，可不知从何时起，它渐渐变成了让人眼花缭乱的“跟风战场”。每当看到别人身着新潮服饰，心里就像被猫爪子挠了一样，恨不得立马跟风入手，却很少停下来冷静思考：这些爆款真的适合我吗？这种盲目跟风不仅让我们渐渐失去了自己的穿衣风格，还可能让钱包“大出血”，生活因此变得沉重不堪。

但别担心，时尚其实没那么复杂，我们可以来一场时尚界的“断舍离”。打开衣柜，好好审视一番，把那些已经不再合身，或是纯粹因为跟风而买的衣服统统请出去，留下那些能够彰显我们个性、禁得起时间考验的经典款式。这样一来，你的衣柜会变得既整洁又有格调，你的时尚观也会因此变得更加清晰和成熟。

在时尚的洪流中，我们要学会保持一颗冷静的心，不被一时的潮流左右。去寻找那些与我们内心真正呼应、穿上就能让我们自信满满的风格。时尚不是盲目跟风，而是找到最适合自己的那份独特魅力。只有这样，我们才能在时尚的舞台上大放异彩，成为真正的焦点。

断舍离智慧

时尚不仅为我们的日常增添了美丽与活力，更让我们在追求中找到了自信与自我。但时尚究竟是什么呢？是杂志上那些令人目不暇接的潮流趋势，还是商店里琳琅满目的新款服饰，亦或是理发店里不断变换的新发型？其实时尚的真谛远不止于此，它更多地关乎自我表达与个性展现。如何才能变成一个真正的时尚达人呢？以下几点或许能为你提供启示。

1. 认识时尚的本质

时尚是自我风格与个性的展现。它与我们内心深处的情感、气质以及想要表达的理念息息相关。因此，想要成为时尚达人，首先要认识时尚的本质：它是一种自我表达的方式，而非外界强加的标准。

2. 了解自己的特点

时尚达人们总是能够巧妙地运用时尚元素来彰显自己的个性与魅力，这得益于她们对自己的深入了解。要想做到这一点，你需要仔细审视自己，比如身体线条、气质类型、肤色以及个人喜好等。只有当你真正了解自己时，才能找到那些能够与你产生共鸣的时尚元素，从而打造出属于自己的独特风格。

3. 培养独特的眼光与品位

时尚达人们往往拥有独特的眼光和品位，她们能够迅速识别出哪些元素是真正适合自己的，哪些只是短暂的流行。要培养这种能力，你需要多观察、多思考、多尝试。通过阅读时尚杂志、关注时尚博主等方式，拓宽自己的视野，提升自己的审美水平。同时，也要学会倾听内心的声音，坚持自己的喜好与风格。

4. 勇于尝试与创新

时尚是一个不断变化的领域，它总是充满了新的元素和趋势。作为时尚达人，你需要勇于尝试和创新，不断挑战自己的舒适区。无论是新的发型、新的妆容，还是新的穿搭方式，都可以成为你展现个性的舞台。同时，也要学会从失败中汲取经验，不断完善自己的时尚理念。

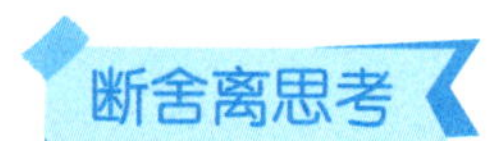

思考一：关于时尚困惑的表现

1. 女性在跟风潮流时会有哪些具体的表现和后果？
2. 缺乏个人风格会对女性的时尚之路产生哪些影响？
3. 过度消费在时尚领域有哪些常见的行为和危害？
4. 如何判断自己是否陷入了时尚的困惑之中？

思考二：关于时尚对女性的影响

1. 时尚对女性的自信心有怎样的影响？
2. 时尚在女性社交生活中扮演着什么角色？
3. 时尚对女性的职业形象有哪些影响？
4. 时尚对女性的心理健康可能产生哪些影响？

思考三：关于时尚的断舍离

1. 进行时尚断舍离的具体步骤有哪些？
2. 如何在断舍离的过程中确定自己的真正需求？
3. 时尚断舍离后如何建立起适合自己的时尚风格？
4. 时尚断舍离对个人成长和生活有哪些积极影响？

寻找你的专属时尚风格

断舍离困境

虽然晓岚的衣柜里有很多衣服，但她每天还是会为挑选合适的衣服而烦恼。每当看到同事们穿着既时尚又得体的衣服时，她总是心生羡慕。

恰逢公司即将举办一场重要活动，晓岚下定决心要好好装扮自己一番。于是，她整整一天都在商场里逛来逛去，试穿了许多衣服，却始终未能找到自己心仪的那一款。她觉得那些衣物要么与自己的身材不匹配，要么与自己的气质不相符。

回到家后，晓岚的心情十分低落。她开始思考为什么自己总是难以找到适合自己的时尚风格。

思考一番，晓岚决定从认识自己的身材入手。她站在镜子前，仔细观察着自己的身体线条。她发现虽然自己的身材比较匀称，但肩膀略显宽阔，腿部则稍显短小。因此，她意识到需要挑选一些能够修饰肩膀并拉长腿部线条的衣服。

接着，晓岚开始思考自己的气质特点。她觉得自己的性格比较温婉，喜欢宁静的生活节奏。于是，她认为简约而优雅的风格更适合自己。

然后，晓岚又回顾了自己的喜好。她发现自己偏爱大自然的色彩，如绿色、蓝色和棕色，同时也喜欢简洁的图案，如条纹和格子。

基于这些认识，晓岚开始在网上搜索适合自己的时尚风格。她发现目前最流行的穿搭的风格很符合自己的气质。于是，她开始学习如何搭配宽松的上衣和紧身的裤子，如何选择适合自己肤色的颜色，以及如何搭配一些简约的配饰。

终于，在公司举办的活动上，晓岚穿着自己精心搭配的服装，自信满满地走进了会场。她的同事们纷纷夸赞她的穿着，晓岚的心里别提多高兴了。她终于找到了属于自己的穿衣风格。

女性心灵密码

每个人都是独一无二的，都该有属于自己的那份时尚态度。想要变得时尚，首先得好好认识自己。不妨站在镜子前，仔细端详自己的身材。高挑儿也好，娇小也罢，每一种身材都有它独特的韵味。比如，宽肩膀的女孩儿不妨试试V领上衣，它能巧妙地修饰身形，让你看起来更加优雅；对于腿稍短的女孩儿，高腰裤或裙子会是你的好帮手，它们能在视觉上拉长腿部线条，让你瞬间拥有大长腿。

除了身材，气质也是决定时尚风格的关键因素。你是温柔如水的，还是活泼可爱的，又或者是干练利落的？针对不同气质的时尚风格自然也是千差万别。对于温柔的女孩儿，简约优雅的设计更能凸显你的气质；对于活泼的女孩儿，则更适合色彩鲜艳、款式活泼的穿搭，让你的个性得到充分展现。

当然，你的喜好也是打造自我风格的重要参考。你喜欢的颜色、图案，就像给你的穿搭注入了独特的灵魂。如果你热爱大自然，那么绿色、蓝色这些自然色系，或者树叶、花朵这些自然图案，都能成为你穿搭中的点睛之笔，让你的时尚之旅更加丰富多彩。

断舍离智慧

找到属于自己的专属时尚风格，就像是在茫茫人海中遇见那个最懂你的知己。它不仅关乎你穿什么，更在于那份由内而外散发出的自信与自在。而在这个过程中，断舍离的理念无疑是一剂良药，帮助我们精简衣橱，拥抱真正适合自己的时尚态度。

1. 认识自我是起点

首先，了解自己的体型、肤色、性格以及生活方式是打造个人风格的基础。比如，高个子女生可能更适合长款外套和宽松的裤装，展现出大气场；而娇小女生则可通过高腰裤、短裙来拉长身形，增添俏皮感。同时，考虑自己的日常活动，是职场精英还是休闲达人，这将直接影响你的着装。

2. 实践断舍离

应用到时尚领域，断舍离就是鼓励我们清理那些不再心动、不再合身或很少穿着的衣物。

断：购物前，问自己："我真的需要这件衣服吗？""它适合我的风格吗？"避免冲动消费，只购买真正喜欢且实用的单品。

舍：定期整理衣橱，勇敢放手那些不再符合你当前风格或身体状况的衣物。你可以捐赠、二手转卖，既环保又助人。

离：培养对物质的适度态度，不再被"拥有更多"的欲望驱使，转而追求品质与经典。

3. 构建基础，混搭出彩

精简后的衣橱应包含一些基础款，如纯色T恤、牛仔裤、白衬衫、小黑裙等，它们如同调色盘中的“白色”，能与任何色彩、风格搭配，既实用又百搭。在此基础上，加入几件具有个人特色的单品，如复古耳环、印花围巾或设计师款包包，它们都能轻松打造出独一无二的造型。

4. 勇于尝试，不断进化

时尚是流动的，个人的风格也应随之变化。你不妨大胆尝试不同的风格组合，比如将街头元素融入正式装扮，或是用柔和色彩平衡硬朗线条。通过实践，你会发现那些真正让自己感到舒适和自信的风格。

5. 自信是最美的时尚

记住，无论何种风格，最重要的是穿着它时的那份自信。时尚不仅仅是外表的装扮，更是内在态度的展现。当你穿着自己喜爱的衣物，步伐自然会更加坚定，笑容也会更加灿烂。

思考一：关于认识自我

1. 如何准确分析自己的身材特点并进行时尚搭配？
2. 怎样深入了解自己的气质类型以及适合的时尚风格？
3. 从哪些方面可以更好地确定自己的时尚喜好？
4. 如何在不同场合根据自身特点调整时尚风格？

思考二：关于时尚风格的参考

1. 有哪些常见的时尚风格分类及其特点?

2. 如何从时尚杂志、社交媒体等渠道获取适合自己的穿衣风格?

3. 在参考他人时尚风格时需要注意哪些问题?

4. 怎样将不同的时尚风格元素融合到自己的穿搭中?

思考三：关于实践与调整

1. 在尝试新的时尚风格时，你可能会遇到哪些困难? 如何克服它们?

2. 如何根据他人的反馈调整自己的时尚风格?

3. 时尚风格的形成需要多长时间的实践和调整?

4. 如何确保自己的时尚风格不断与时俱进又保持独特性?

精简配饰，提升时尚品味

断舍离困境

美娜喜欢买项链、手链、耳环、帽子等各种配饰。每次出门前，她都要花好长时间挑配饰，可因为东西太多，经常挑得眼花缭乱，不知道怎么搭才好看。有时候，她一口气戴好几样，结果看起来乱糟糟的，美感全无。

有一次，美娜去参加时尚派对，看到一位女士穿着简单的黑裙子，配了一条珍珠项链和一对儿小巧的钻石耳环，整个人看起来特别优雅时尚。美娜一下子被触动了，她发现自己的配饰太多，反而没了重点。

回到家，美娜决定给自己的配饰来个“大扫除”。她把那些质量差的、过时的或者很少戴的配饰都收了起来，只留下些简约百搭的经典款。挑选配饰时，她开始讲究简约百搭，还要和衣服搭配，比如她会选择简单的银项链，这条项链特别百搭，配什么衣服都行；或者戴顶经典的黑色贝雷帽，给整体造型加点儿时尚感。

慢慢地，美娜的时尚感越来越好了。她不再为挑配饰头疼，随便拿几件就能搭出好看的造型。她也明白了，配饰少不等于单调，这其实是一种更高级的时尚表达。现在，她出门前挑配饰的时间大大缩短了，而且每次都能搭配得既简约又时尚。

通过这次经历，美娜学到了很多关于时尚的道理。她懂得了配饰的选择要讲究简约、百搭和协调，也明白了精简配饰是一种更加高级的时尚表达。现在，她每次出门都能自信满满地展示自己的时尚品味。

女性心灵密码

说起配饰，很多人可能觉得它们只是穿搭中的小角色，容易被人忽视。但实际上，小巧精致的配饰就像一幅画中的点睛之笔，能给我们的整体装扮增添不少光彩。想象一下，一条简约的连衣裙，配上一条闪亮的项链，是不是立刻就生动了起来？同样，一条普通的牛仔裤，如果配上一个别致的手链，也能瞬间提升时尚感。

不过，如果配饰过多过杂，反而会让人眼花缭乱，找不到重点。这就好像我们生活中的杂物，堆积得太多，就会让人心情烦躁，找不到真正需要的东西。所以，学会精简配饰就像给生活做减法，能让我们摆脱那些多余的累赘，回归简单和纯粹。

精简配饰并不意味着放弃时尚，相反，它是提升时尚感、展现个人魅力的关键。简约风格的配饰既容易和各种衣物搭配，又能彰显我们的独特气质和个性。

当我们学会精简配饰后就会发现，其实我们并不需要太多的配饰来装点自己。几件简约而经典的配饰，就足以应对各种场合。比如，一条简约的项链可以搭配各种领口的衣服；一只精致的手表既能展现我们的时间观念，又能增添一份优雅的气质。这些配饰不仅实用，还能让我们的穿搭更加协调，散发出迷人的魅力。

断舍离智慧

配饰不仅能够点缀我们的装扮，更能传达佩戴者的独特性格与品味。然而，面对琳琅满目的配饰选择，我们往往容易迷失方向。这时，学会从自己的衣柜开始，精简配饰，才是打造个人风格的明智之举。

1. 审视现有配饰，了解自我喜好

要打造一个适合自己的配饰橱，首要任务是审视现有的配饰。在添新配饰之前，先回头看看那些你已拥有且佩戴过的配饰。想想看，哪些是你最喜欢的？是因为它们体积大、闪闪发光，还是小巧别致？在材质上，你是更钟情于木质还是陶瓷？又或者，你是不是总是被那些闪闪发光的饰品吸引呢？

要是你发现有些配饰总能赢得别人的称赞，这很可能是因为它们与你的气质特别匹配。这些配饰或许能突出你的脸型特点，展示你的个性；或是给你的装扮增添一些与众不同的魅力。花点儿时间弄清楚为什么这些配饰适合你，学会听从自己内心的感受，这将帮你更清楚地了解自己的喜好。

2. 精简配饰，凸显个性

在了解了自我喜好后，接下来便是精简配饰的步骤。圆领衬衣可以搭配一条简约的吊坠项链，喇叭袖则适合搭配厚重的手镯，而高领毛衣则可以通过一对儿大圆耳环或长项链来打破沉闷的风格。

当你开始留意配饰与服饰的搭配时，你会发现适合自己的配饰风格，能激发你的个性。练习与坚持是打造完美配饰搭配的关键。

3. 利用配饰打造视觉垂直线

无论是瘦长型的吊坠耳环、长款项链，还是垂落在胸前的丝巾和围巾，都能轻松营造出垂直线条，让你看起来更加显瘦显高。此外，长款风衣和针织衫上的纵向扣子也是被忽视的视觉增高神器。

思考一：关于配饰精简的意义

1. 配饰精简对提升时尚品味有哪些具体作用?
2. 为什么过多的配饰会降低时尚感?
3. 如何理解配饰精简是一种生活的减法哲学?
4. 配饰精简在不同场合的适用性如何?

思考二：关于配饰选择的原则

1. 简约的配饰具有哪些特点和优势?
2. 如何判断一个配饰是否百搭?

3. 配饰与服装风格协调的重要性体现在哪些方面?

4. 在选择配饰时，如何平衡个性与协调性?

思考三：关于实践与技巧

1. 进行配饰精简的具体步骤有哪些?

2. 如何清理那些不适合的配饰?

3. 有哪些方法可以让简约的配饰发挥更大的作用?

4. 如何在日常穿搭中不断提升配饰搭配的技巧?

美妆简约，展现自然美的魔法

断舍离困境

莉莉是个爱美的女孩儿，以前她特别喜欢化浓妆，觉得只有这样才能显示出自己的美丽。每天清晨，她都要在化妆上花好久的时间，粉底、眼影、腮红、口红，一个步骤都不能落下，简直像在进行一场复杂的仪式。

可是，日子久了，莉莉发现浓妆给自己的皮肤带来了不少麻烦：痘痘、粉刺层出不穷，皮肤状态变得很差。每天化妆也让她觉得特别累，它似乎变成了一种负担。

有一天，莉莉在网上看到了关于简约美妆的介绍，那些清新自

然的妆容让她眼前一亮。她想，自己是不是也可以尝试一下这种简约的风格呢？

于是，莉莉决定给自己的美妆步骤来个大瘦身。她先是把厚重的粉底换成了轻薄的气垫BB霜，只轻轻一抹，肤色就变得均匀自然了。接着，她又告别了复杂的眼影和腮红，只用了淡淡的眉笔和口红来提气色。

刚开始，莉莉还有点儿不习惯，总觉得自己妆容太淡了，不够惊艳。可是，当她走出家门，听到朋友们的夸赞时，她才发现，原来简约美妆也有独特的魅力。

过了一段时间，莉莉的皮肤慢慢恢复了健康。她发现简约的美妆不仅让自己更轻松自在，还能更好地展现出自己的自然美。现在，她已经彻底爱上了简约美妆，经常和朋友们分享自己的心得，鼓励大家也一起尝试这种自然美的“魔法”。

女性心灵密码

华丽的妆容和复杂的化妆技巧常常让人感觉像走进了一个巨大的迷宫，难以找到出口。但你知道吗，真正的美其实并不在这些复杂的妆容里，而是藏在自然与简约之中。

自然妆感：肌肤之美悄然绽放

不依赖厚重粉底和浓烈色彩，而是用轻薄底妆和淡雅色彩，让肌肤的自然美得以展现，这其实就很美！淡妆、素颜妆，如清晨第一缕阳光，温柔地洒在脸上，带来清新活力，仿佛能点亮整个世界。

选对产品：打造简约美妆的秘诀

实现自然美其实不难，关键在于选对产品。气垫BB霜能轻松打造轻薄透亮的底妆，眉笔能勾勒清晰自然的眉形，淡雅的口红可以瞬间提升气色，让人精神焕发。这些简单小物如同打造简约美妆的魔法道具，让我们在追求美的路上更轻松自如。

简约美妆：真实自我的镜子

简约美妆如同一面真实的镜子，让我们看清并爱上真实的自己。美丽无需太多修饰，只需用心感受，享受美丽带来的快乐。它让我们在忙碌的生活中找到属于自己的宁静与美好，展现女性的智慧与魅力。

断舍离智慧

真正的美不一定非得繁复和堆砌，简约自然也可以很美。学会断舍离，让简约美妆成为你的日常妆容，你会发现，原来美可以如此轻松和自然。

1.淡妆映心，简约之美

简约美妆的核心在于展现内心的纯净与自然的美丽。选择淡妆，避免过于浓重的眼影、腮红和口红，让妆容如晨露般清新自然。挑选与肤色相近的粉底，用气垫BB霜或粉底液轻轻一抹，即可呈现轻薄透亮的底妆。眼妆以淡雅眼影和细致眼线勾勒，增添眼神魅力而不失自然。唇妆则选用裸色或淡粉色口红，让双唇柔润，宛如内心温柔的流露。

2.精简流程，回归本真

化妆其实是对内心的一种表达。无需繁复的步骤，只需关注关键，简化流程，让妆容与内心相契合。洁面保湿是化妆前的必备功课，也是与内心对话的宁静时刻。选择适合自己的底妆，用刷子或海绵均匀涂抹，仿佛将内心的平和覆盖于面。再用眉笔轻描自然眉形，用眼影与眼线修饰眼睛，最后添加一抹淡雅的口红，整个妆容便如内心般纯净自然。

3.科学护肤，内外兼修

简约美妆不仅关乎技巧，更在于科学护肤与内心的滋养。根据自己的肤质选择合适的护肤品，不为贵货所动，只为内心所需。常敷面膜，为肌肤补充水分与营养，也是给予自己的一份呵护。饮食、睡眠、心情，都是内在美的源泉。多吃蔬果，保证充足的睡眠，保持愉悦的心情，让内心与肌肤共同绽放光彩。

4.断舍离的美学，内心的宁静

在美妆的世界里，学会断舍离是对内心的一种整理与净化。将不再适用、过期或闲置的化妆品清理掉，让化妆台变得井然有序，也让内心更加清晰。这样，我们不仅能更有效地管理化妆品，避免浪费与污染，还能在简约的妆容中感受内心的宁静与喜悦。简约美妆让我们更轻松地享受化妆的过程，更深刻地体验内心的美丽。

断舍离思考

思考一：关于简约美妆的意义

1. 简约美妆对展现自然美有哪些具体作用？
2. 为什么过于复杂的美妆会掩盖自然之美？
3. 如何理解简约美妆是一种更高层次的追求？
4. 简约美妆在不同生活场景中的适用性如何？

思考二：关于简约美妆产品

1. 你知道常见的简约美妆产品及其特点吗？

2. 如何选择适合自己的简约美妆产品？

3. 简约美妆产品与传统美妆产品的区别在哪里？

4. 如何判断一款简约美妆产品的质量？

思考三：关于简约美妆技巧

1. 简化美妆有哪些具体方法？

2. 淡妆和素颜妆的关键技巧是什么？

3. 如何用简约的技巧突出自己的面部优势？

4. 在日常化妆中，如何不断提升简约美妆的技巧？

极简护肤，肌肤也需要断舍离

断舍离困境

白燕一直特别在意自己的外表和肌肤保养，化妆台上堆满了各式各样的护肤品，从高端的国际品牌到网红小众单品，一应俱全。

每天清晨，白燕都会在护肤上花不少时间。洁面、爽肤水、精华液、乳液、面霜、眼霜、防晒，护肤的步骤一个不落。晚上回到家，她的护肤程序更加繁琐，卸妆、二次清洁、敷面膜、各种精华和晚霜轮番上阵。她深信只有多用护肤品，肌肤才能保持年轻、光滑和美丽。

尽管如此用心，白燕的肌肤状况却每况愈下。痘痘、粉刺、黑头和暗沉接踵而至，肌肤也变得敏感易红。白燕困惑不已，不明白

自己到底哪里出了差错。

一天，白燕在一本时尚杂志上看到了极简护肤的理念。文章指出，过度护肤会给肌肤带来负担，导致问题频发。极简护肤提倡精简护肤品的种类和使用频率，让肌肤有机会得到休息和自我修复。

白燕决定尝试极简护肤。她清理了化妆台，只留下基础的护肤品：温和的洁面乳、保湿爽肤水和滋润面霜；减少了面膜和各种精华的使用频率，每周只用一到两次。同时，她开始调整饮食和作息，多吃蔬果，保证充足的睡眠。

刚开始，白燕的肌肤并没有明显好转，甚至怀疑自己的选择是否正确。但她没有放弃，继续坚持极简护肤。渐渐地，她发现自己的肌肤状况开始改善。痘痘和粉刺少了，黑头也不见了，肌肤变得光滑细腻。敏感问题也得到了缓解，不再容易发红发痒。

白燕终于意识到，护肤并非越复杂越好，而是要找到适合自己的方法。从此，她坚持极简护肤，并把这个理念分享给了朋友。随着肌肤状态越来越好，白燕也变得更加自信和美丽。她明白了，少即是多，简约才是护肤的真谛。

女性心灵密码

我们总爱把皮肤想象成一张无生命的“面具”，一旦它有点儿风吹草动，比如干燥、长痘或是出现细纹，就急着往脸上涂涂抹抹，希望能用各种护肤品来“修补”它。但你知道吗，皮肤有着强大的自我调整和修护能力，很多时候，我们期望从护肤品中得到的效果，皮肤自己就能达到。

那些热门的护肤成分，比如玻尿酸、神经酰胺、胶原蛋白，听起来是不是很高级？但这些成分其实健康的皮肤里都存在。皮肤本身就有能力制造这些“营养品”，能够维持自己的水润、弹性和健康。那我们为什么还要不停地从外界补充呢？

极简护肤就是给皮肤一个断舍离的机会，让它重新找到自己的力量。试着减少对护肤品的依赖，让皮肤有机会去自我调整和恢复。有时候，我们不需要那么多瓶瓶罐罐，只需要一瓶简单的保湿霜和一支温和的洁面乳，就能让皮肤保持健康水润。

给皮肤一个断舍离的机会吧，让它有机会去呼吸、去自我调节。你会发现，皮肤其实比我们想象的更加坚韧和聪明。当我们不再过度干预它时，它就能展现出自己最自然、最健康的一面。极简护肤不仅是一种生活方式，更是一种对皮肤的尊重和爱护。

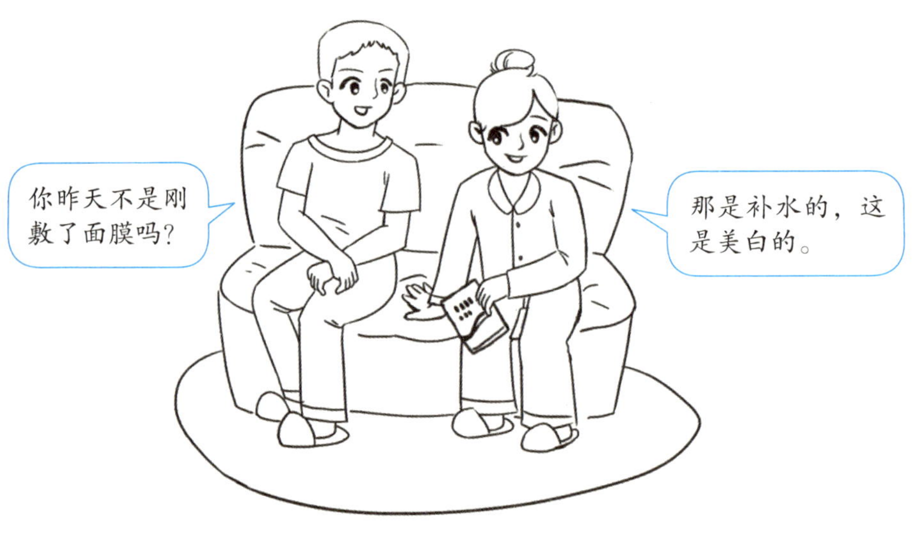

断舍离智慧

过度护肤不仅可能让皮肤负担加重，还可能抑制其自我修复和调节的能力。因此，学会断舍离，进行极简护肤，才是让皮肤焕发自然光彩的正确之道。

1. 护肤品停用期：给皮肤一个“裸泳”的机会

在这一时期，我们要暂停使用所有护肤品，仅保留日常的清洁和用蒸馏水进行基础补水。这样做的目的是能真切地看清并了解皮肤原本的状态，同时也给皮肤一个机会，在没有任何护肤品干扰的环境下，自我感知并进行修复。很多人可能会担心没有护肤品保护，皮肤会出问题。但其实不少女性在怀孕、生产和哺乳期间都会停用护肤品，她们的皮肤并没有因此变差。相反，当你停用护肤品时，皮肤能够真实地感知自己的状态，从而启动自我修复的过程。

2. 皮肤修复期：重建皮肤的“防护网”

经过停用期的“裸泳”，皮肤进入了修复期。在这个阶段，皮肤的主要任务是修复受损的“保护壳”——角质层，让它和表皮的其他部分一起恢复到正常的状态。只有皮肤健康了，它才能更好地应对和解决各种皮肤问题。所以，我们不必急着去用那些强效的护肤品，而应该选用温和、不会刺激皮肤的产品，帮助皮肤慢慢地重回健康状态。

3. 皮肤调理期：因时而变，精准护肤

在这个阶段，我们要根据皮肤内部和外部环境的改变，来进行合适的保养。例如，季节变换可能会导致皮肤干燥或出油，这时我们就

得挑选适合的护肤品来调节皮肤的水油平衡。真正的护肤之道在于时刻留意皮肤的变化，并给它提供必要的保养和呵护。

4. 皮肤抗衰期：让美丽持久绽放

虽然我们将皮肤抗衰期作为一个独立的阶段来讨论，但其实抗衰老始终是护肤的最终追求，也是我们在日常护肤中应该时刻铭记的要点。在每天的护肤过程中，我们可以通过选用富含抗氧化物的护肤品、维持规律的作息时间和健康的饮食习惯等方法，来延缓皮肤的衰老速度。要记得，每一次正确的护肤都是在为抗衰老打下坚实的基础。

断舍离思考

思考一：护肤认知

1. 你对皮肤的重要性有哪些新的认识？

2. 为什么说我们常常低估了皮肤自身的功能？

3. 回顾一下你过去对护肤品的依赖程度，这种依赖是如何形成的？

思考二：过度护肤的行为

1. 对照文中内容，列举出自己在日常护肤中有哪些过度行为？

2. 这些过度护肤行为受到哪些因素的影响（如广告、他人推荐等）？

3. 分析过度护肤的行为给自己的皮肤带来了哪些具体的不良影响？

思考三：极简护肤理念

1. 极简护肤的核心要点是什么？如何理解“皮肤也需要断舍离”这句话？

2. 你认为实现极简护肤需要克服哪些困难和心理障碍？

3. 制订一个简单的极简护肤计划，包括具体的产品选择和使用频率。

思考四：皮肤自我修复

1. 在什么情况下能够更好地发挥皮肤的自我修复能力？

2. 我们有哪些生活习惯可以促进皮肤的自我修复（如饮食、作息、运动等）？

3. 如何在极简护肤的同时，增强皮肤的自我修复能力？

第五篇

成长之路，成就智慧人生

人生就像一场旅行，如果背负太多，步伐就会变得沉重。学会断舍离是成长的重要一课。它教会我们放下不必要的包袱，无论是物质的累赘，还是心灵的枷锁。通过舍弃那些不需要的，我们才能更加专注于真正重要的人和事。这样，人生之路才会越走越轻松，心灵也会逐渐变得澄明。每一次断舍离都是向智慧人生迈进的一步，让我们在不断成长中，收获更加丰盈和自在的人生。

人生需要轻装上阵

断舍离困境

一个阳光明媚的下午，李婉在收拾房间的过程中翻出了一本相册。她一页页地轻轻翻动，每一张照片都承载着她的回忆，也映照出她的人生轨迹。

她的目光停留在一张年轻时的照片上，那时的她笑容灿烂，眼睛里闪烁着对未来的无限憧憬。但随着时间的推移，她发现自己的人生似乎被一层浓雾笼罩着，那些曾经的梦想和欢笑逐渐被焦虑与欲望所取代。

李婉记得自己年轻时，为了家庭的生计奔波，为了孩子的教育操心，为了生活品质的提升努力。那些看似合理的追求，却像一座座大山，压得她喘不过气来。每当夜深人静时，她总会躺在床上，脑海中充满了对未来的担忧和对过去的遗憾，让她难以入眠。

她继续翻看相册，发现在不知不觉中，自己失去了太多享受生活的机会。她错过了与家人共度的温馨时光，错过了与朋友畅谈的欢乐时刻，甚至错过了欣赏身边美好风景的机会。那些被焦虑与欲望填满的日子，让她活得异常疲惫。

此刻她终于明白，人生并不需要背负太多的负担。那些现在看似重要的东西，在多年之后都是过眼云烟，真正值得珍惜的是那些简单而纯粹的幸福。

她轻轻合上相册，心里也慢慢释然。她决定放下那些曾经的焦虑与欲望，让自己的心灵得到解脱。她觉得自己应该学会享受每一个当下，无论是与家人一起做饭、散步，还是独自在院子里晒太阳、听鸟鸣，虽然这些看起来都是微不足道的小事，却有着无穷的乐趣。

慢慢地，李婉发现当自己不再为那些无关紧要的事情而烦恼时，生活竟然变得如此美好。她感激自己做出了这个决定，让自己的人生重新焕发光彩。如今，她轻松地走在人生的道路上，步伐坚定而自在，不再背负那些沉重的“包袱”。

女性心灵密码

在人生的旅途中，我们每个人都是行者，背着自己的行囊，一步步向前迈进。行囊里装满了我们的梦想、追求、责任，还有那些不经意间积累下来的负担。有时候我们背负的东西太多，走得久了，就会感到疲惫不堪，仿佛每一步都重如千斤。

断舍离就是一种帮助我们卸下负担、轻松前行的智慧。它告诉我们不要总是舍不得放手，背负太多东西会让我们感到很累。

想象一下，如果你每次出门旅行都带着满满的行李，里面装满了不必要的衣物、书籍、纪念品，那么你的旅途将会变得异常沉重和艰难。同样，在人生的道路上，如果我们总是舍不得放下过去的回忆、无法实现的梦想、过度的欲望和焦虑，那么我们就会被压得喘不过气来。

学会断舍离，就是要勇敢地放下那些不再需要的东西，让自己的心灵变得更加轻盈和自由。它教会我们要珍惜当下，专注于自己真正想要追求的东西，而不是被过去的回忆或未来的焦虑所困扰。

学会了物质上的断舍离，可以让我们的家变得整洁；而学会了精神上的断舍离，我们的人生会变得更加简单和美好。不再为那些无关紧要的事情而烦恼，我们才能够更加专注于自己的成长和幸福。

断舍离智慧

我们每个人的心灵都像一座仓库，里面堆满了各种各样的“物品”——回忆、梦想、责任、欲望……这些物品有的让我们感到温暖和力量，有的却成了沉重的负担，让我们步履维艰。学会断舍离，就是给自己的心灵做一次大扫除，让我们能够轻装上阵，更加从容地面对未来的风雨。

1. 认识自我，厘清需求

断舍离的第一步是认识自我，弄清自己真正的需求。很多时候，我们之所以感到疲惫，是因为被太多的欲望所诱惑，追求那些并不是我们真正需要的东西。静下心来，问问自己：我真正想要的是什么？哪些东西对我来说是真正重要的？通过这样的思考，我们可以逐渐清晰地认识自己的价值观，明确自己的需求，避免被外界的声音所干扰，从而走上一条真正属于自己的路。

2. 放下过去，释放自我

在人生的旅途中，我们会遇到各种各样的挫折和困难，这些经历往往会成为我们心中的负担。学会放下过去、释放自我，是断舍离的重要一环。不要总是沉浸在过去的痛苦和遗憾中，而是勇敢地面对现实，接受自己的不完美。放下那些已经过去的人和事，让自己的心灵得到解脱，才能更加轻松地迎接未来的挑战。

3. 精简物质，享受简单

物质是生活的基础，但过多的物质追求往往会成为我们的负担。学会精简物质，享受简单的生活，是断舍离的又一重要实践。定期整理自己的物品，把不再需要的东西丢弃或捐赠出去，让家里变得更加整洁和宽敞。同时，也要学会控制自己的购物欲望，避免因为冲动消费而增加不必要的负担。当学会了在物质上做到“够用就好”时，我们的心灵也会变得更加轻松和自由。

4. 释放内心的空间

断舍离教会我们审视自己的物品和情感，将那些不再需要、不再适合自己的东西舍弃掉。当我们学会放手后，内心就会变得更加宽敞明亮，心情也会变得更加愉悦。

5. 把握舍弃的契机与勇气

舍弃需要契机和勇气。在人生的某个阶段，比如在退休或子女独立后，我们可能会重新审视自己的人生和物品。这时，就是进行断舍离的好时机。我们要勇敢地面对自己的内心，审视那些不再需要的物品，并果断地舍弃它们。只有这样，我们才能真正地解放自己，让生活的步伐更加轻盈。

断舍离思考

思考一：如何有效认识自我并厘清需求

1. 我真正追求的是什么？

2. 哪些欲望是多余的？

3. 我的价值观清晰吗？

4. 外界如何干扰我？

思考二：如何放下过去并释放自我

1. 过去的哪些事成为我的负担？

2. 如何接受自己的不完美？

3. 如何让心灵得到解脱？

4. 放下后对我有什么好处？

思考三：如何精简物质并享受简单的生活

1. 哪些物品不再需要？

2. 如何控制购物欲？

3. “够用就好”的标准是什么？

4. 心灵会因为断舍离而更轻松吗？

改变和他人的关系

断舍离困境

晓悦曾是个被烦恼重重包围的女人。她工作繁忙，家中有年迈的父母需要照顾，孩子又正处在学业的关键期。再加上她自己步入更年期，身体也时常出现不适。这些问题像一座座大山，压得她喘不过气来。

晓悦的妈妈常感叹："人老了，就没什么好事了。"起初，晓悦对妈妈的这种想法很反感，但不知不觉间，她也被这种消极观念所影响，觉得生活就像一场无尽的苦役。

在经历了无数个疲惫不堪的日子后，晓悦终于开始反思。她意识到，生活不仅仅是忙碌和操劳，还有很多值得珍惜和享受的美好。她开始思考，自己是否一直被这种“人生就是苦行”的观念束缚。

晓悦决定做出改变。她不再让自己背负来自父母的压力，而是试着从新的角度去看待与母亲的关系。她明白，自己无法改变他人，但可以改变自己对待他人的方式。这时，她想到了断舍离的理念。

晓悦开始尝试用断舍离的方法来调整自己的心态。她不再纠结于那些无法改变的事实，也不再为周围人的不完美而苦恼。她开始学会放下，学会从新的视角去看待生活中的问题。

慢慢地，晓悦发现自己的心态变了，自己的生活也跟着变了。她不再像以前那样焦虑不安，而是变得更加从容和自在。她学会了享受与家人相处的每一刻，也找到了属于自己的生活乐趣。

如今，晓悦已经不再是那个被烦恼压得身心疲惫的女人了。她明白，生活并非只有操劳和苦难，还有很多值得我们去追求和珍惜的美好。只要我们愿意放下那些沉重的负担，学会用新的视角去看待生活，就能找到属于自己的幸福和快乐。

女性心灵密码

我们常常被各式各样的烦恼所困扰——工作的压力、家庭的琐事、子女教育的难题，还有自己身体的变化，这些像是一座座大山，让我们感到身心俱疲。但静下心来想一想，其实很多烦恼都是自己给自己找的。我们不自觉地背负了太多的压力和责任，成了他人问题的

“接盘侠”。

生活并不只有这些烦恼，还有许多乐趣等待我们去探索和发现。我们有权选择，是让烦恼占据生活，还是去寻找和创造属于自己的快乐。

断舍离就是一把帮助我们打开生活新视角的钥匙。它教会我们如何从固有的思维模式中跳出来，不再为那些无法改变的既定事实和他人而徒增烦恼。当我们学会放下那些不必要的压力和负担时，就会发现生活其实可以变得更加轻松和美好。

断舍离不仅是一种简单的舍弃，更是一种生活态度的转变。它让我们学会把关注的焦点从他人身上转移到我们与他人的关系上，思考如何改善和优化这些关系，从而让我们的生活更加和谐与幸福。当我们学会了断舍离，就能懂得如何取舍，知道哪些事情是值得我们去追求的，哪些事情是可以放下的。这样，我们就能在烦恼与快乐之间找到完美的平衡，让我们的生活变得更加轻松自在。

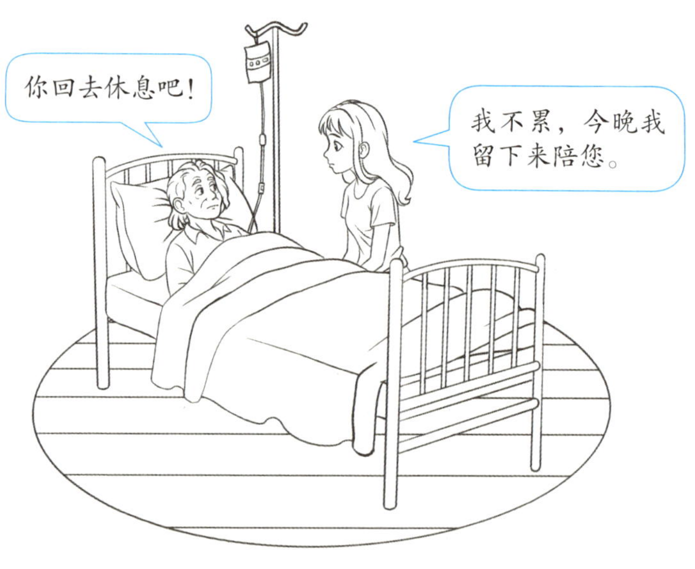

断舍离智慧

学会断舍离，不仅是对物品的舍弃，也是对心灵负担的释放，更是改变我们与他人关系的关键。通过断舍离，我们可以灵活地调整视角，从理所当然的固有思维中跳出来，找到与他人相处的最佳方式。

1. 接受现实，放下执着

我们必须明白，既定的事实和周围的人通常都是难以改变的。与其在这些无力改变的事情上白白耗费时间和精力，不如坦然接受，并积极寻找应对之策。每当碰到不顺心的事时，不妨告诉自己："这就是生活的现状，我得学会适应并找到更好的解决办法。"同时，我们要改掉责怪别人的习惯，学会宽容，认识到每个人都有他们的难处。试着站在对方的角度思考问题，减少对别人的抱怨和指责，用一种成长和进步的心态去看待我们与他人的关系。

2. 设定界限，勇敢拒绝

在与人交往时，我们得清楚自己的底线，知道哪些事能忍，哪些事不能忍。一旦有人触碰了我们的底线，就要勇敢地站出来，为自己的权利发声。这并不是说我们要变得冷酷无情，而是要学会在尊重别人的同时，也要顾及自己的感受和需求。对于那些我们不感兴趣的邀请或对话，可以直接而果断地拒绝，用简单明了的语言表明自己的态度。别担心这会惹对方不高兴，因为真正的朋友会懂你、尊重你的选择。

3. 关注自我，积极沟通

在和别人相处时，我们常常忘了考虑自己的需要，总把别人的需求放在第一位。但这样往往会让自己觉得累和不满。所以，我们要学会多关心自己的感受和需求，一旦觉得不对劲儿或不满，就得马上行动起来。另外，良好的沟通对改善关系特别重要。遇到问题时，别躲避，要用平静、理智的态度说出自己的看法和感受，同时也要耐心听对方怎么说。沟通的时候，别指责或批评对方，而是要一起努力找出一个双方都能满意的解决办法。

思考一：关于心态调整

1. 面对既定事实和难以改变的人时，你的第一反应是什么？

2. 当你有责备他人的冲动时，如何提醒自己停下来并反思？

3. 怎样在日常生活中培养以成长的心态看待与他人的关系？

4. 回忆一次因心态转变而改善与他人关系的经历，从中你学到了什么？

思考二：关于行为的改变

1. 你在哪些情况下会因不想让对方不快而勉强自己，这种行为背后的原因是什么?

2. 如何确定你与他人相处的合理界限，并有效地传达给对方?

3. 在你与朋友的关系出现问题时，有哪些有效的沟通策略? 如何判断沟通是否成功?

4. 评估自己拒绝他人的能力，怎样提高拒绝的技巧且不伤害自己与他人关系?

思考三：关于持续成长

1. 阐述断舍离在改变你与他人关系中的作用。

2. 有哪些具体方法可以提升自我觉察能力，从而更好地关注与他人的关系?

3. 你会向谁寻求以及期望得到什么样的帮助?

4. 在未来一段时间内，改变与他人关系可能面临哪些挑战? 你有何应对之策?

给工作来次断舍离

断舍离困境

亚楠对工作有着极大的热情，每天一到办公室就忙个不停，就像一台永不停歇的机器。她的日常生活充斥着各种任务：重要的项目规划、紧急的会议、新业务知识的学习、团队合作、下属工作进度的跟进、向上级汇报工作……不仅如此，她还积极参加兴趣小组，想要全面提升自己。同时，她也尽力平衡家庭，关心家人，处理家务。在社交方面，她也积极参与，拓展人脉。

起初，亚楠觉得自己过得非常充实，好像什么都能掌控。渐渐地，她感到越来越累，任务像滚雪球一样越滚越多，永远也做不完，让她有点儿喘不过气。

工作中的亚楠就像在玩一场永无止境的跑酷游戏，不断有新任务、新障碍和诱人的奖励出现。她拼尽全力去应对，左冲右突，只为获取那些耀眼的“成果”。然而，她慢慢发现，自己在这样的忙碌中迷失了方向，不知道真正想要的是什么，只是机械地完成一个又一个任务。

有一天，在极度疲惫中，亚楠开始反思自己的生活。她意识到，自己什么都想做，什么都觉得重要，结果却失去了方向，也失去了选择的权利。

从那以后，亚楠决定对自己的工作进行断舍离。她重新审视任务清单，把不重要的事情删掉，只专注于真正重要的事。她学会了拒绝一些不必要的活动和任务，给自己留出更多时间和空间。同时，她也更加关注自己的内心需求，选择真正喜欢的事情去做。

经过这次“大扫除”，亚楠的工作变得更加高效，生活也更加轻松。她不再被无穷无尽的任务压得喘不过气，而是能够从容地应对工作和生活中的各种挑战。她终于找到了自己的方向，也重新获得了选择的权利。

女性心灵密码

每个人的生活里都藏着一张似乎永远也填不满的“待办事项”清单。但我们要明白一点：人生短暂，我们不可能把所有的事情都做完。如果我们总想着让每个人都满意，最后往往会把自己累得够呛，还找不到方向。

断舍离并不是让我们放弃努力，而是要我们学会挑选。我们要审视自己的工作，分清楚哪些事是真的重要，哪些是可以放一放的。这样我们才能把时间和精力用在那些真正能让我们成长并带来价值的事情上，而不是被一堆小事拽着跑。

学会了在工作中断舍离，我们就能找到自己的方向，也能重新掌握选择权。这样一来，面对工作中的挑战，我们就能更加从容不迫，也能真正享受工作带来的成就感和满足感。

更重要的是，有了断舍离的智慧，我们就能腾出更多的时间去关心自己的生活、家庭和内心的需求。毕竟，除了工作，我们还有家人、朋友和自己要照顾。

所以，别再把自己逼得那么紧了。试着给自己的任务清单做减法，把不重要的事情删掉，把时间和精力留给真正重要的事情。这样一来，我们的生活不仅会变得更加轻松，也会更加有意义。

断舍离智慧

在这个快节奏的社会，我们时常会感到时间不够用，任务堆积如山，仿佛永远也做不完。但实际上，在很多时候，我们之所以感到疲急和焦虑，是因为我们试图抓住所有的东西，不愿意放手。学会给工作断舍离，就是让我们学会筛选，学会放手，把时间和精力用在真正重要的事情上。只有这样，我们才能拥有更加高效、轻松和有意义的生活。

1. 筛选——只抓住真正重要的事情

当我们面临各种各样的工作任务时，很容易感到应接不暇。但是如果我们能够学会筛选，只抓住那些真正重要的事情，那么工作就会变得轻松很多。当别人向我们提出请求时，不要轻易答应，先仔细思考一下这件事情是否符合我们的工作标准和目标。我们要明白，“紧急”和“重要”是两个不同的概念，有些事情虽然紧急，但并不一定重要。而有些事情虽然不紧急，却对我们的职业发展有着深远的影响。因此，我们要学会辨别，把时间和精力用在那些真正重要的事情上。

2. 清空——拒绝不必要的任务

在筛选的基础上，我们还要学会清除那些不符合内心标准和目标的任务。有时候我们会因为各种原因而接受一些并不想做的工作，但是这些工作往往会占据我们的时间和精力，让我们无法专注于真正重要的事情。因此我们要学会拒绝，学会说“不”。这并不意味着我们要变得冷漠无情，而是要学会在尊重他人的同时，也尊重自己的感受和需求。当我们能够勇敢地拒绝那些不必要的任务时，就会发现，自己的时间变得更加充裕，工作也变得更加高效。

3. 远离——摆脱对他人的依赖

除了筛选和清空任务之外，还要学会远离那些让我们无法停下来的外部因素。有些人拥有让自己停不下来的习惯，他们总是试图通过不断地工作来获得他人的认可和赞赏。但是这种依赖外部评价的方式往往会让我们失去自我，变得焦虑不安。因此我们要学会找到内心的动力，摆脱对他人评价的依赖。我们要明白，自己的价值并不是由他人来定义的，而是由我们自己来创造的。当我们能够建立自我肯定的工作方式时，就会发现自己变得更加自由和自信。

思考一：工作现状评估

1. 回顾一下你目前的工作任务清单，有多少任务是真正重要的。

2. 分析自己在工作中是否存在盲目接受任务的情况，原因是什么。

3. 评估自己在工作中的压力主要来自哪些方面，是任务过多还是其他因素？

思考二：断舍离的必要性

1. 思考为什么工作也需要断舍离，它对个人的职业发展和生活有哪些好处？

2. 看了故事中亚楠的经历，你能联想到自己在工作中有哪些类似情况？

3. 如果不进行工作上的断舍离，可能会带来哪些不良后果？

思考三：断舍离的方法

1. 如何确定哪些工作可以进行断舍离？有什么标准？

2. 在工作中，如何学会拒绝不必要的任务和压力？有哪些技巧？

3. 制订一个自己的工作断舍离计划，包括具体的步骤和目标。

思考四：平衡工作与生活

1. 工作断舍离如何帮助我们更好地平衡工作与生活之间的关系？

2. 思考在进行工作断舍离后，如何利用多出来的时间来提升生活质量？

3. 如何确保断舍离不会影响工作的质量和职业发展？

精简你的精神世界

断舍离困境

在工作了几年后，晓菲感觉自己的压力越来越大，让她有些喘不过气。虽然高薪工作带来了丰厚的收入，但也伴随着巨大的压力。每天加班到深夜，高强度的工作让晓菲身心疲惫，她的生活变得焦虑和迷茫。

同时，晓菲在经济上也出现了问题。晓菲虽然收入不菲，但因为消费无度，她欠下了很多债。信用卡的欠款像一座大山，压得她喘不过气。为了满足一时的欲望，她常常陷入消费的陷阱，事后又后悔不已。

这个月怎么又花了这么多钱?

在感情方面，晓菲也是一团糟，忙碌的工作让她没有时间经营感情，朋友也渐渐疏远她。她渴望有一个温暖的家，却始终找不到方向。

就在这时，晓菲偶然接触到了极简生活的理念，她仿佛看到了希望。她决定尝试这种生活方式，彻底改变自己的生活轨迹。

一年前，晓菲踏上了极简生活的道路。她还清了债务，注销了信用卡。同时，她也辞去了那份高薪、高压的工作，成了一名自由职业者。

在这一年的时间里，晓菲的生活发生了翻天覆地的变化。她不再被物质所困，而是更加关注自己的内心感受。她不知道未来会怎样，但现在的生活让她感到满足和幸福。

最近半年，晓菲的消费观念也发生了变化。她更加注重饮食的健康和简单，选择新鲜的食材为自己烹饪美味的饭菜。她的穿着也变得朴素大方，她不再追求时尚潮流，而是选择适合自己的舒适衣物。家里被她布置得简单而温馨，每一个角落都充满了生活的气息。

极简生活不仅让晓菲获得了内心的平静，也让她更加珍惜生活中的每一个瞬间。她期待在未来的日子里，极简生活能继续带给她更多的惊喜和成长。现在的她已经不再是那个被生活重负压得喘不过气的女孩儿，而是一个充满希望和活力的自由职业者。

女性心灵密码

在我们忙碌又纷扰的生活中，每个人或许都曾有过这样的感受：工作像一座大山压在身上，让人喘不过气；家里的东西堆积如山，找个东西都得翻箱倒柜；情感上的纠葛更是让人心力交瘁。但你知道吗，有一种生活方式，它像一缕清风，能吹散我们心头的阴霾，那就是极简生活。

极简生活听起来好像只是简单地扔扔东西，减少物质上的负担，但实际上它更像对我们的精神世界的深度净化。在这个物质至上的时代，我们往往被外界的声音左右，追求那些看似光鲜亮丽，实则并不属于我们的东西。当我们静下心来，仔细聆听内心的声音时，就会发现原来我们真正渴望的是内心的平静。

极简生活教我们学会放手，让那些不再适合我们的东西离开我们的生活。当我们清理掉那些杂念和不必要的欲望，就能更加清晰地看到自己内心的需求，找到真正的价值和生活的意义。就像一棵树，只有去掉多余的树枝，才能更加茁壮地成长。极简生活还让我们学会了珍惜，当我们不再被物质所困，就能更加专注于现在的美好，发现生活中的小幸福。喝一杯咖啡、看一本好书、与朋友聚一次会……这些看似微不足道的小事都是生活中的宝藏。当我们用心去感受，就能发现生活中的美好无处不在。

断舍离智慧

断舍离让我们重新审视自己的内心世界，清理不必要的杂念和负担，让生活变得更加简单和美好。

1. 识别并反思精神负担

要精简精神世界，首先要识别自己的精神负担。我们可以通过自我反思，静下心来思考哪些想法和情绪经常困扰我们，哪些行为模式是无益的。为了更清楚地认识自己的精神负担来源，我们可以尝试通过写日记的形式记录每天的情绪变化和触发这些情绪的事件，从而找到问题的根源。

2. 断舍离负面思维

断舍离负面思维是精简精神世界的重要一步。当消极念头出现时，我们要学会怀疑它们是不是真实的，试着从好的方面去想事情。比如，当你觉得自己不行时，就想想自己的长处和做过的好事，跟这种自我贬低的思想较较劲儿。此外，对于以前的过错和遗憾，我们要学会释怀，明白人人都会犯错，过去的事没法儿重新来过，我们能做的就是吸取教训，继续往前走。

3. 清理负面的人际关系

人际关系也是影响我们精神世界的重要因素。我们需要经常审视自己的人际关系，确定哪些人对我们的精神世界有积极的影响，哪些人给我们带来负面影响。多跟那些支持你、给你打气、让你开心的人在一起，对那些让你觉得累、带给你负面情绪的人，可以离得稍微远一点儿。另外，学会拒绝也是摆脱不好关系的关键。别怕对别人的要求说“不”，要是觉得某件事会让你压力很大或者太费精力，就大胆说出来，保护好自己的时间和心力。此外，不要拿自己跟别人比，多关注自身的成长和提升，不要总想着跟人争高低。

4. 简化生活方式以精简精神世界

我们的生活方式对精神世界也有重要影响。想让精神世界更简单，就得少追求物质，别乱买东西，只买真正需要的东西。看看自己的东西，把不需要的都清理掉，这样生活环境会更清爽、更舒服。而且，确立生活目标和价值观也很重要。清楚自己想要什么、看重什么，然后照着这些去生活，就能让我们活得更有方向、更有目标。

思考一：认识精神负担

1. 回顾自己的生活，哪些方面让你感到精神上有负担？

2. 这些精神负担对你的生活产生了哪些具体的影响？

3. 你认为自己精神负担的主要来源是什么？

思考二：精简精神世界的意义

1. 你认为精简精神世界对个人成长有哪些重要意义?

2. 想一想，精简精神世界后，你会发生哪些积极的变化?

3. 为什么说精简精神世界能够成就智慧人生?结合你自己的理解进行阐述。

思考三：行动步骤

1. 为了精简自己的精神世界，你可以采取哪些具体的行动?

2. 如何在日常生活中培养精简精神世界的习惯?

3. 当面对诱惑和压力时，你该如何坚持精简精神世界的理念?

思考四：持续成长

1. 精简精神世界是一个持续的过程，你如何确保自己不断进步和成长?

2. 如何在精简精神世界的同时，不断丰富自己的内心世界和智慧?

3. 分享一个你精简精神世界过程中的挑战，并探讨如何克服它。

第六篇

幸福密码，开启精彩未来

断舍离不仅是一种生活态度，更是一种心灵上的觉醒。它能让我们的心灵得到释放，活得更加轻松自在。当我们学会了断舍离，就像掌握了幸福密码，能开启一个更加精彩、充满无限可能的未来。在这个过程中，我们会发现其实幸福就在我们身边，等待着我们去发现和珍惜。

幸福并非取决于金钱

断舍离困境

宁馨的原生家庭条件不好，小时候她需要省吃俭用，长大后也要靠自己打拼，这让她经常为自己的经济状况感到焦虑。每当看到周围的朋友似乎都比自己过得滋润时，她的心里就泛起一阵阵的不安和自我怀疑，未来在她眼中充满了不确定性。

一次偶然的机会，宁馨参加了一个公益活动。在那里，她看到了许多虽然物质条件并不富裕，但内心充满爱与温暖的人。他们有的用温柔的话语抚慰他人受伤的心灵，有的用实际行动帮助那些陷入困境的人，还有的仅仅是用一个微笑，就让现场变得温馨起来。

宁馨开始反思自己对金钱的看法，意识到过去自己太过执着于物质的积累，却忽略了真正的幸福。

从那以后，宁馨像变了一个人似的。她不再仅仅为了赚钱而工作，而是更加看重工作的意义和价值。在工作之余，她还会抽时间去当志愿者，用自己的力量去温暖他人。与家人和朋友相处时，她也变得更加温柔，用微笑和关爱去回应每一份情谊。

一段时间过后，宁馨的心态发生了翻天覆地的变化。她不再为金钱的短缺而焦虑不安，反而充满了前所未有的自信。她明白，虽然自己不是富有的人，但能够用自己的方式去帮助他人、回馈社会，这已经是一种难得的成就和幸福。

在这个过程中，宁馨还学会了感恩。她开始感激自己所拥有的一切，无论是物质的还是精神的。每一个美好的瞬间，每一次与人的顺畅交流，都成了她心中宝贵的财富。金钱的烦恼逐渐远去，取而代之的是对生活的热爱和对未来的期待。

女性心灵密码

我们时常会陷入一个误区，以为拥有大量的金钱就会幸福。然而，当我们深陷对金钱不足的忧虑和不安时，生活便被无尽的焦虑和烦恼所占据，幸福仿佛总是遥不可及。

要真正摆脱金钱带来的焦虑，需要做的是彻底转变对金钱和幸福的观念。金钱本身并无善恶，但将财富的多少视为衡量自身价值的唯一标准却是极其狭隘和片面的。我们要深刻认识到，通过金钱去创造幸福、为社会做出贡献，才是更加有意义和有价值的事情。

断舍离不仅是对物质的舍弃，更是放下内心的执念。当我们学会用温柔的眼神、温暖的话语去安慰他人，帮助关心身边的人，以和气的微笑面对他人时，就会给他人带去温暖和力量，同时也让我们的内心充满幸福感和成就感。

当我们真正学会放下对金钱的过度追求，不再被物质所羁绊时，就能拥有更多的时间和精力去关注内心的需求，去珍视身边的人和事，去体会生活中的点滴幸福。我们可以花更多的时间去陪伴家人和朋友，享受亲情和友情的温暖；我们还可以为社会贡献自己的一份力量，让世界因我们的存在而变得更加美好。

断舍离能让我们从金钱的束缚中解脱出来，拥抱更加真实、更加美好的幸福生活。

断舍离智慧

真正的幸福并不取决于金钱的多少，而是取决于我们如何运用金钱，以及内心的富足与平和。学会断舍离不仅是对物质的放手，更是对内心执念的放手。当我们不再被金钱所困扰，才能真正领略生活的美好和幸福的真谛。

1. 金钱储蓄与内心不安

我们常常把存钱看作获取安全感的一种方式，但很多时候，这样做反而会带来更多的不安。我们以为自己在积累财富，实际上却是在累积焦虑。说到底，对金钱的担忧源自于我们内心的不自信。一旦钱不够花，就会忐忑不安，这种不安又促使我们更加拼命地存钱。这其实和家里堆很多东西是一个道理，东西堆得多是因为对居住环境感到不安，而拼命存钱则是因为对未来感到担忧。要想摆脱这种不安的情绪，我们就要学会放手，让心灵保持自由。

2. 物尽其用，钱尽其值

流动性就像身体的新陈代谢，能让我们的心灵保持清新、有活力。心里的不安会让我们的内心变得沉重压抑，让我们陷入“东西越多，心里越不踏实”的怪圈。金钱和食物一样，需要不断地流动和循环，如果我们因为不够自信而拼命存钱，就会对金钱产生执念和焦虑。我们应该学会放手，让金钱发挥它应有的作用。当我们心怀感激花钱时，不管是买东西还是帮助他人，都能感受到内心的满足和宁静。这样的花钱方式不仅能让金钱再次回到我们身边，还能让我们和金钱建立起更健康的关系。

3. 幸福并非取决于金钱

为了摆脱内心的焦虑和执着，我们可以在日常的小事中做些练习。例如，在付钱时注视对方的眼睛，微笑着说“谢谢”。这样的小举动不仅能让对方感受到我们的礼貌和谢意，也能让我们自己心里觉得宁静和快乐。当我们用这样的态度去生活时，就会明白幸福不是由金钱的多少来决定的，而是看我们怎么用钱去创造快乐和为社会做贡献。

断舍离思考

思考一：对金钱与幸福的认知

1. 回顾自己过去对幸福的定义，金钱在其中扮演了怎样的角色？

2. 你身边有没有虽然财富不多但很幸福的例子？

3. 你认为金钱能带来哪些幸福，又能带来哪些烦恼？

思考二：断舍离金钱焦虑

1. 分析自己目前对金钱的焦虑主要来自哪些方面？

2. 怎样才能打消对金钱不足的不安感？

3. 当你尝试放下对金钱的过度追求时，可能会遇到哪些挑战？如何克服？

思考三：贡献与幸福的关系

1. 思考自己不依靠金钱，可以通过哪些方式为他人和社会做出贡献?

2. 为社会做贡献会给你带来怎样的感受和收获?

3. 如何在日常生活中保持为他人和社会做贡献的意识和行动?

思考四：感恩与幸福

1. 回忆最近一次让你感恩的事情是什么? 它对你的幸福感有何影响?

2. 如何培养感恩之心，让自己更加关注生活中的美好?

3. 当你心怀感恩时，对金钱的看法会有怎样的变化?

每一天都值得感激

断舍离困境

马甜是一位年轻的职场女性，她每天忙碌奔波。工作的重压和日常琐事常常让她感到烦恼，她几乎没有时间停下来欣赏身边的美好。她的家里堆满了各式各样的东西，从衣物、鞋子到各种小装饰品，很多都是因为一时冲动买下却从未使用过的。

有一天，马甜在工作中遇到了挫折，心情异常低落。她决定外出走走，让自己放松一下。她来到了附近的一座山，沿着山路悠闲地走着。走了一会儿，她感到有些疲惫，便在一个树桩上坐下来休息。

坐在树桩上，马甜环顾着周围的景色，心情逐渐恢复了平静。她开始反思自己的生活，回想起曾读过的一句话："世间万物都是相互关联的。即使彼此不认识，我们也能因为别人的付出而心怀感激，别人也会因为我们的付出而心怀感谢。"她意识到，自己一直忽略了身边许多值得珍惜的美好。

马甜站起身，离开树桩时，对着树桩双手合十，心中默默感激："感谢你让我坐下来休息，非常感谢。" 那一刻，她感受到了一种前所未有的温暖和感动。

从那以后，马甜开始改变自己的生活态度。她决定对自己的生活进行断舍离，先从家里开始。在这个过程中，马甜感受到了一种前所未有的轻松和解脱。

每天早上，马甜都会默默感激："感谢让我醒来。"晚上入睡时，她也会默默感激："感谢让我入睡。"她还对生活中的每一个小细节都心怀感激，比如感谢美味的食物、温暖的阳光、朋友的陪伴。

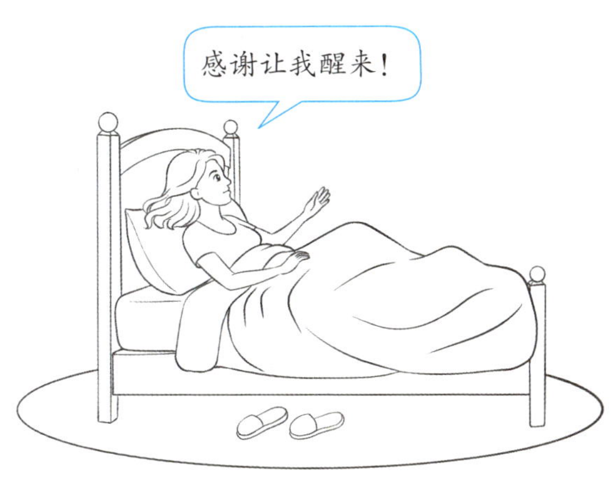

随着时间的推移，马甜的心态发生了很大的变化。她不再为工作的压力和生活的琐事而烦恼，而是学会了用一颗感恩的心去面对生活。她发现生活中的美好无处不在，自己也变得更加幸福和快乐。

女性心灵密码

在喧嚣与繁忙的生活中，我们常常忽略了身边那些看似普通却极其珍贵的美好。而断舍离不仅是收拾东西，它更像一次心灵的成长。它让我们学会放下不必要的负担，更加珍惜现在所拥有的一切。

对于身边的每一样东西，我们都该心存感激。当它们完成了任务，要离开我们时，我们应该心怀感恩地与之告别。这让我们明白，每件物品都在我们的生活中有过重要时刻，都值得我们去尊重和感谢。当我们用这样的眼光看待物品，就不会再被物质所困，而是能在简单的拥有中感到满足。

同时，我们也要学会感谢生活中的人和事。别人的帮助让我们的生活更加多彩，而我们的付出也能温暖他人。这种相互支持的关系让我们感受到生命的意义。

在日常生活中，我们要多留意那些小小的“感恩时刻”。从早上醒来时的“感谢新的一天”到晚上入睡时的“感谢平安度过”，从对一件小事的感激到对生命的尊重，我们会发现幸福其实就在身边。学会断舍离，用一颗感恩的心去生活。让我们珍惜每一刻，感受生活中的甜蜜。相信在这个过程里，我们会找到通往幸福的路，过上更加充实、快乐的生活。

断舍离智慧

当我们学会以一颗感恩的心去对待每一天，便会发现，原来幸福与满足就藏在那些看似不起眼儿的瞬间里。每一天都值得我们以感激之心去珍惜、去感悟、去成长。

1. 清晨的感恩，迎接希望

当早晨的第一道阳光悄悄溜进房间，照在脸上时，不妨躺几分钟，静静享受这份安静和暖意。心里默默感谢新的一天到来，对自己说：“谢谢让我醒来，今天又是充满无限可能的一天。”这样的小习惯能帮我们调整好心态，准备好迎接每一天的困难和机会。在这一天里，随时注意那些小小的幸福时刻，比如暖洋洋的阳光、一杯好喝的咖啡、同事的一个笑脸，都值得我们停下来在心里默默感激。这些简单的感谢会让我们的心里充满阳光，让生活更加温馨。

2. 感恩物品，学会断舍离

在日常生活中，我们与各种物品相伴，每一件物品都有它特别的意义和用处。当我们使用它们的时候，可以想想它们是怎么来到我们身边的，还有它们给我们带来的方便。比如，看着手里的杯子，心里说声：“谢谢这个杯子，让我随时都能喝水。”这样的感谢不只是对东西的爱惜，更是对生活的珍惜。

随着时间的推移，有些东西可能不再适合我们了。这时候，学会放手也很重要。带着感恩的心去对待它们，跟它们说：“谢谢你一直以来的陪伴，现在我要把你送给更需要的人。”这样的告别，既是对过去的珍惜，也是对未来的期待。

3. 人际关系的感恩与梳理

在人际交往中，我们同样需要学会感恩。对家人、朋友、同事的关心和帮助，我们要多表达感谢和赞赏。一句简单的“谢谢”，一个暖心的拥抱，都能让他们知道你是在真心感激。同时，我们也要梳理自己的人际关系，对那些让你心情变差或者让你觉得累的人，可以渐渐远离。这不是说我们不关心他们，而是为了让自己过得更开心、更轻松，保护好自己。

4. 心灵的感恩与释放

最后，别忘了对自己的心灵进行感恩与释放。放下过去的烦恼和遗憾，别让它们拖你的后腿。要感谢过去的经历，因为它们帮助你成长。同时，别太追求物质上的享受，学会珍惜现在所拥有的。定期给自己的心灵做个大扫除，比如冥想、练瑜伽或者看点儿关于心灵成长的书，让自己的心变得更平静、更安宁。

思考一：相互依存与感恩

1. 举例说明你在生活中是如何与他人相互依存的。
2. 对于身边的物品，你是否有过“感谢让我使用”的念头?
3. 当你对物品或人抱有感激之情时，你的感受和行为有哪些变化?

思考二：断舍离与感恩

1. 为什么在物品达到使用寿命时，以感恩的心情进行断舍离很重要?

2. 你认为断舍离与感恩之间存在怎样的关系? 如何通过断舍离表达感恩?

3. 有没有一次断舍离的经历让你特别深刻地体会到感恩的力量?

思考三：感恩的日常实践

1. 你是否尝试过在早起和入睡时默念 “感谢让我醒来” 和 “感谢让我入睡”?

2. 如何在日常生活中多表达 “谢谢”，并逐渐养成道谢的习惯?

3. 当你增加表达感激之情的次数后，你的人际关系和生活氛围有哪些变化?

思考四：心灵的变化与成长

1. 重视细微的 “感激之情” 如何影响你的心灵，你的心灵具体有哪些变化?

2. 感恩在个人成长和心灵成熟方面起到了什么作用?

3. 如何持续培养感恩之心，以实现心灵的不断成长和进步?

编写自己的人生年表

断舍离困境

李娜最近在休年假，从忙碌的工作中骤然脱身出来，她不知道该何去何从，心中满是困惑。

一天，李娜偶然读到一篇关于回顾人生、寻找方向的文章，这让她眼前一亮。她决定静下心来，好好梳理一下自己的过去。

坐在安静的房间里，李娜的思绪飘回了遥远的童年。那时的她在田野间与小伙伴们尽情奔跑，对世界充满了好奇与向往。上学后，她勤奋学习，虽然在这个过程中遇到不少挫折，但她从未放弃过自己的梦想。

进入职场后，李娜经历了各种挑战与机遇。她参与过成功的项目，也经历过失败的尝试。这些经历让她不断成长，更加了解自己的优势与不足。

在回忆的过程中，李娜仿佛变成了一个旁观者，冷静地审视着自己的人生。她看到了曾经的错误，也看到了自己从中学到的宝贵经验。她意识到失败并不可怕，只要勇敢面对，从中吸取教训，就能不断成长。

这次回忆还让李娜学会了从更高的角度看待问题。她仿佛站在一个高处俯瞰自己的人生轨迹，看到了自己的成长与变化。同时，她也学会了从不同角度思考问题，更加深刻地理解人生的意义。

想到未来，李娜想起了自己一直以来的梦想——去远方旅行。以前她总觉得自己资金不足，所以迟迟未行动。然而，这次回顾让她意识到自己一直在努力生活，应该继续追求梦想。于是李娜开始制订旅行计划，最终选择了心仪已久的目的地，并预订了机票和酒店。虽然花费不菲，但她觉得这是对自己的奖励，值得一试。

在旅行中，李娜感受到了前所未有的自由与快乐。她看到了美丽的风景，体验了不同的文化，结识了新朋友。她明白，人生属于自己，只要勇敢追求，就能过上精彩的生活。

女性心灵密码

在生活中，我们时常会感到迷茫和困惑，但回顾自己的人生，却能从过去的经验中找到前行的方向。断舍离，也可以成为我们对人生的深度反思和整理。

当我们回望过去时，不仅能看到自己的成长和变化，更能学会放下曾经的错误和遗憾。同时，那些对未来的恐惧和不安也会随之消散，让我们勇敢地追求自己的梦想，这便是对心灵的断舍离。

在日常生活中，我们常常被各种物品和情绪所困扰，以至于忘记了自己真正想要的是什么。通过断舍离，我们可以清理掉那些不必要的物品和负面情绪，让生活回归简单和纯粹。这样的生活能让我们更加清晰地认识自己，找到人生真正的价值和意义。

回顾自己的人生，就像整理房间一样，需要勇气去丢弃那些不再需要的回忆和情绪。每一次的舍弃都是一次成长，让我们更加坚定地走向未来。

不要再让过去的错误和遗憾束缚你的脚步，也不要再让对未来的恐惧和不安阻挡你前行。勇敢地面对过去，从经验中汲取力量；果断地放下负担，让生活更加轻松自在。

让我们学会断舍离，不仅是物质上的，更是心灵上的。清理掉那些阻碍我们前行的杂物和情绪，勇敢地追求自己的梦想。只有这样，我们才能过上坚强、勇敢、自由自在的生活。

断舍离智慧

在人生的旅途中，我们总是在不断地摸索着前行。有时我们会因为迷茫而停下脚步，不知道未来的路该如何走，其实答案往往就藏在过去的经验之中。通过回顾自己的经历，我们可以从中汲取智慧和力量，为未来指明方向。而编写自己的年表，就是一种很好的回顾方法，它能帮助我们以全新的视角审视自己的人生，找到前行的动力。

1. 从过往的经历中汲取智慧

我们每个人的人生都是独一无二的，其中既有成功的喜悦，也有失败的痛苦。编写年表时，我们可以详细记录那些关键时刻，分析成功与失败的原因。无论好坏，这些经历都是我们宝贵的财富。它们教会我们如何面对挑战，如何抓住机遇。这些经历会成为我们未来道路上的指路明灯。

2. 以“监督者”的视角审视人生

编写年表就像在观看一部自己人生的纪录片。我们从“主人公”变成了“监督者”，以第三者的视角来审视自己的过去。这样的转变让我们能够更客观地看待自己的经历，发现那些曾经被忽略的细节。同时，我们也会更加珍惜与他人的相遇和离别，因为它们都是我们人生故事中的重要篇章。

3. 找回遗失的记忆

在编写年表的过程中，我们可能会遇到一些记忆模糊的时刻。这时，不妨翻阅曾经的信件、照片等物品，它们能帮助我们找回那些遗失的记忆。通过寻找这些记忆碎片，我们能够更全面地了解自己的过去，感受当时的心情和情境。这样的体验不仅能让我们的人生故事更加完整，也能让我们更加珍惜现在的生活。

4. 确定目标，勇敢追梦

编写年表的目的不仅仅是回顾过去，更是展望未来。在审视自己的经历后，我们可以更加清晰地认识自己的优势和不足，从而确定未来的目标。这些目标，无论大小，都是我们前进的动力。同时，我们也要学会放下过去的遗憾和束缚，勇敢地追求自己的梦想。因为这就是我们的人生，我们有权利去选择自己想要的生活方式。

5. 锻炼俯瞰能力，洞察未来

通过编写年表，我们还能锻炼自己的俯瞰能力。这种能力就像从高处俯瞰全局一样，让我们能够更清晰地看到人生的道路和未来的方向。当我们站在高处，视野变得更加开阔时，我们就能更加深入地洞察未来，为自己的人生制订更加清晰的蓝图。

思考一：关于人生年表与断舍离

1. 人生年表如何帮助我们在断舍离的过程中更好地审视过去的经历？

2. 以“监督者”的角度书写年表对断舍离有什么具体意义？

3. 在回忆人生转折点等重要时刻时，怎样从断舍离的角度去分析并总结经验？

4. 书写年表时，如何才能克服美化自己的倾向，以更坦诚的态度面对需要断舍离的部分？

思考二：关于断舍离与自我实现

1. 从断舍离的角度看，为什么“完成自己想做的事且独自完成”很重要？

2. 在考虑想做的事情时，如何运用断舍离克服因“没什么钱”而产生的放弃想法？

3. 列举想做的事情后，如何运用断舍离原则从容易的事入手去实现？

4. 从断舍离的视角阐述为什么要“把最好的都留给自己”？

思考三：关于人生态度与断舍离

1. 从断舍离的观点出发，如何看待人生经历的独特性而不与他人比较？

2. 相遇和离别在断舍离的人生中有怎样的意义？

3. 在思考过去、探寻未来时，怎样从断舍离的角度展望未来的人生？

4. 从断舍离的层面思考，仅仅关注自己做过的和完成的事就能相信未来会成功吗？为什么？

享受当下的每一天

断舍离困境

温馨虽然才三十出头儿，却对未来充满了不安，尤其是对衰老和疾病充满了恐惧。她常常想象自己老去的样子，担心会生病，会孤独。这些想法像乌云一样笼罩着她，让她的心情变得异常沉重。

温馨知道，死亡是无法预知的，无论她怎么思考，也得不到确切的答案。于是她告诉自己，与其在恐惧中度过每一天，不如好好享受现在的生活。虽然有人提倡“把今天当成人生的最后一天”来活，但温馨觉得这对她来说太难了。毕竟她还年轻，让她去想象自己即将离世，确实有些困难。

温馨也意识到，保持健康当然是一件幸福的事情，但生病也能让人有很多感悟。她发现身边充斥着各种关于疾病和死亡的恐怖信

息，各种打着健康旗号的商品琳琅满目。在准备饭菜时，她总会听到各种声音在耳边响起，“为了健康要多吃蔬菜”“为了健康要少吃油腻的食物”。

这天，温馨和朋友们一起出去吃饭，她决定放下那些对健康饮食的顾虑，点了自己喜欢的食物。当美食入口的那一刻，她突然感受到了一种前所未有的满足和快乐：“真好吃，活着真是太好了！”那一刻，她仿佛找到了生命真正的意义。她意识到，自己因为过度恐惧疾病，忽略了生命中很多美好的瞬间。

从那以后，温馨开始更加珍惜当下的生活。她学会了放下那些无谓的担忧，不再过分忧虑未来的衰老和疾病。她开始享受美食带来的快乐，享受和朋友们相处的时光，享受生命中的每一个美好瞬间。

温馨的转变让她重新找回了生活的乐趣和热情。她明白，生命是短暂的，与其在恐惧中度过每一天，还不如勇敢地面对未来，珍惜每一个当下。

女性心灵密码

人们常常对未来充满担忧，害怕衰老的到来，这种心情是可以理解的。但如果过度恐惧，就会让我们的生活变得沉重。其实我们可以换个角度来看待这个问题：死亡是我们无法掌控的事，它超出了人类的智慧范围。既然我们无法改变死亡，那么再怎么思考也无法得到想要的答案。

既然我们还在这个世界上活着，就应该珍惜当下的每一天，好好享受生活。与其整天担心未来和死亡，不如把注意力放在当下，感受生活的美好。每一天都是一个新的开始，我们可以尝试去做自己喜欢的事情，和亲朋好友共度时光，或者去探索未知的世界。

活在当下并不意味着我们要忽视未来，而是要把握现在，珍惜眼前的每一刻。当我们专注于当下的时候，就会发现生活中的美好和乐趣无处不在。无论是品尝美食、欣赏美景，还是与家人朋友相聚，都能让我们感受到生命的价值和意义。

当然，我们也不能完全忽视对未来的规划和准备。我们可以把对未来的担忧转化为积极的行动，比如制订合理的生活计划、保持健康的生活方式等。这样我们就能在享受当下的同时，为未来打下坚实的基础。

断舍离智慧

人们往往会为未来的不确定性和衰老的到来而感到不安。然而，年龄的增长并不完全等同于衰老，它还能让我们体会到更多人生的美妙之处。与其在不安和恐惧中度过每一天，不如学会放下担忧，珍惜眼前的美好，享受当下的生活。下面，我们将从几个方面探讨如何做到这一点，让心灵更加自由、充实。

1. 放下对未来的不安，活在当下

未来充满了各种不确定性，我们无法完全把握。与其为那些未知的事情而烦恼，不如坦然接受这种无法预知的情况，并在现在做出明智的选择。我们可以借助冥想、深呼吸等方法，把心思从对未来的忧虑中抽离出来，投入到当下的生活中，细细品味每一个瞬间的精彩。于此同时，我们还要培养一种乐观的心态，学会从生活中发现美好的一面，感激自己所拥有的每一份恩赐。当我们能够全神贯注于现在，真心去感受生活的每一个细节时，就会发现生活中其实处处充满了欢乐和惊喜。

2. 理性看待疾病和死亡，享受生命的乐趣

媒体上有许多关于疾病和死亡的报道，这些信息很容易让我们害怕和不安。我们不能让这些报道牵着鼻子走，要保持清醒的头脑，学会区分哪些消息是真实可信的，哪些是虚假的。同时，我们要关心自己的健康，但不能过度，要保持一种平衡的生活方式，比如均衡饮食、适量锻炼、保证充足的睡眠等。要牢记的是，生活的目标不仅仅

是身体健康，更重要的是要感受幸福。珍视生命中的每一次经历，不论是品尝美食的快乐，还是与人相处的温馨，都能让我们体会到生命的意义。不要因为害怕生病就放弃享受生活的美好。

3. 简化生活，培养内心的富足

生活中的各种物质和心理压力常常让我们觉得累和焦虑。为了过好每一天，我们应该学会让生活变得更简单，去掉那些没必要的东西。把不再用的东西丢掉，把让人不开心的情绪和念头放下，我们可以通过读书、学习新知识、创作艺术作品等方法，让自己的内心变得更丰富，让内心获得平静和满足。真正的快乐是从心里发出来的，当我们的内心平静又满足的时候，就会更加珍惜现在的生活，享受当下的每一刻。

思考一：对当下的认知

1. 回顾自己最近一周的生活，有哪些时刻是真正享受当下的？
2. 你认为什么是享受当下的最大阻碍？
3. 如何提高自己对当下时刻的敏感度，以便更好地享受当下？

思考二：断舍离与当下的关系

1. 思考断舍离在帮助我们享受当下方面起到了哪些作用？
2. 你觉得自己在生活中有哪些方面最需要进行断舍离？为什么？
3. 进行断舍离后，你预计会对自己享受当下的生活产生哪些具体的影响?

思考三：对未来担忧的断舍离

1. 分析一下自己对未来的担忧主要集中在哪些方面，这些担忧是合理的，还是过度的?

2. 如何通过断舍离的方式来减少对未来的担忧? 你可以采取哪些具体行动?

3. 当你成功放下对未来的一些担忧后，你对当下的生活有什么新的感受和体验?

思考四：对过去纠结的断舍离

1. 反思你是否经常陷入对过去的纠结中? 这种纠结对你享受当下有什么影响?

2. 怎样运用断舍离的理念来放下对过去的纠结? 有哪些方法可以尝试?

3. 断舍离对过去的纠结后，你认为自己在享受当下方面会有哪些改变?